憲法判例評論

大竹 昭裕

はしがき

　本書は、筆者が憲法判例（人権判例）を素材に執筆してきたものの中から7編を選び一冊にまとめたもので、論考発表時の原題と掲載誌を記すと次のとおりである。

第1章「天皇と民事裁判権」研究紀要（青森大学・青森短期大学学術研究会）
　　　　第14巻第2号（1991年）

第2章「東京都管理職選考受験資格確認等請求事件」青森法政論叢第6号（2005年）

第3章「再婚禁止期間の合憲性」青森法政論叢第17号（2016年）

第4章「非嫡出子法定相続分規定の合憲性－最高裁判例の動向と高裁による3つの裁判例について－」青森法政論叢第13号（2012年）

第5章「国籍法3条1項の合憲性と司法的救済－最高裁大法廷平成20年6月4日判決－」青森県立保健大学雑誌第11巻（2010年）

第6章「国籍留保制度と法の下の平等」法学教育研究会誌第1号（2016年）

第7章「衆議院選挙区割りと投票価値の平等」青森法政論叢第12号（2011年）

　これら7編を一冊にまとめるにあたって、正確性を期すため必要最小限度の修正を施したほかは発表時のままとした。注で引用・参照した文献の中には版が改まっているものもあるが、元の論考執筆に際して依拠したものを明示すべくそれらも元の論考発表時のままとしている。

　ところで、第1章の「天皇と民事裁判権」は本書で唯一の2000年代以前の論考であるが、その執筆の契機は、恩師油川昭夫先生が編集された『一般法学』（世界書院、1990年）への執筆参加の機会をいただいたことにある。筆者に割り当てられた担当は同書第2編「法の効力」（77－150頁）であったが、原稿も完成し校正刷りを待つ段階になって「天皇は日本国の象徴であり日本国民統合の象徴であることにかんがみ、天皇には民事裁判権が及ばない」とする判決（最二小判平成元年11月20日）が下された。この判決は明治憲法下における天皇との対比などの点から見て非常に興味をそそられるものであったが、同書の性格上、校正の際に判決内容を紹介する記述を挿入するに止め、詳しい検討は別の機会に譲らざるを得なかった。必ずしも十分なものとは言えないが、ひとまず

それを試みたものが「天皇と民事裁判権」であり、筆者にとっては思い出深い論考となっている。

　筆者の憲法判例との本格的な付き合いは、学部３年次に油川ゼミへの参加を許されたときに始まる。先生にはその後40年以上公私にわたるご指導をいただいているが、「突き放して読む」という先生の判例の読み方にどこまで近づけたかは心許ない（ゼミ開始早々の時期に、「先生は判例をどのように読むのですか」とお尋ねしたことがあった）。それでも、読者の皆様に本書を通して憲法判例（人権判例）への興味関心を少しでも持っていただくことができれば、これに優る喜びはない。

2018（平成30）年３月
大竹　昭裕

目次

第1章　天皇と民事裁判権 ……………………………………………… 7
　　Ⅰ．事実の概要 …………………………………………………………… 7
　　Ⅱ．判　　　旨 …………………………………………………………… 8
　　Ⅲ．研　　　究 …………………………………………………………… 8

第2章　外国人の公務就任権 ……………………………………………… 27
　　Ⅰ．事実の概要 …………………………………………………………… 27
　　Ⅱ．判　　　旨 …………………………………………………………… 28
　　Ⅲ．研　　　究 …………………………………………………………… 30

第3章　再婚禁止期間規定の合憲性 ……………………………………… 47
　　Ⅰ．事実の概要 …………………………………………………………… 47
　　Ⅱ．判　　　旨 …………………………………………………………… 48
　　Ⅲ．研　　　究 …………………………………………………………… 51

第4章　非嫡出子法定相続分規定の合憲性 ……………………………… 63
　　Ⅰ．はじめに ……………………………………………………………… 63
　　Ⅱ．最高裁判例の動向 …………………………………………………… 64
　　Ⅲ．東京高裁2010（平成22）年3月10日判決と
　　　　名古屋高裁2011（平成23）年12月21日判決 ……………………… 76
　　Ⅳ．大阪高裁2011（平成23）年8月24日決定 ………………………… 83
　　Ⅴ．おわりに ……………………………………………………………… 88

第5章　国籍法3条1項の合憲性と司法的救済 ………………………… 95
　　Ⅰ．はじめに ……………………………………………………………… 95
　　Ⅱ．国籍法制の沿革と学説の状況 ……………………………………… 98
　　Ⅲ．事実の概要と下級審の判断 ………………………………………… 100
　　Ⅳ．最高裁の判断とその検討 …………………………………………… 105
　　Ⅴ．結びにかえて ………………………………………………………… 123

第6章　国籍留保制度と法の下の平等 …………………………………… 133
　　Ⅰ．はじめに ……………………………………………………………… 133
　　Ⅱ．事実の概要と判旨 …………………………………………………… 134
　　Ⅲ．検　　　討 …………………………………………………………… 137
　　Ⅳ　おわりに ……………………………………………………………… 144

第7章　衆議院選挙区割りと投票価値の平等 …………………………… 149
　　Ⅰ．事実の概要 …………………………………………………………… 149
　　Ⅱ．判　　　旨 …………………………………………………………… 150
　　Ⅲ．研　　　究 …………………………………………………………… 154

第1章　天皇と民事裁判権

> 最高裁平成元年11月20日第2小法廷判決、平成元年（行ツ）第126号、住民訴訟による損害賠償請求事件、民集43巻10号1160頁、判時1338号104頁、判タ719号124頁

Ⅰ．事実の概要

　千葉県住民である原告Xは、千葉県知事が昭和天皇の病気快癒を願う県民記帳所を設置しこれに千葉県の公金を支出したことは違法であり、昭和天皇は県民記帳所設置費用相当額を不当に利得したとして、2002（平成14）年改正前の地方自治法第242条の2第1項第4号に基づき、千葉県に代位して、皇位を継承した今上天皇に対して不当利得返還請求の住民訴訟を提起した。
　当初、第1審（千葉地命平成元年3月6日）は、法は天皇が民事裁判の当事者となることを予定していないとして訴状を却下したが、即時抗告が行なわれ、抗告審（東京高決平成元年4月4日判時1307号112頁）は、本件が民事訴訟法上訴状を却下できる場合のいずれにも当たらないとして原命令を取り消し、本案審理が開始された。
　第1審（千葉地判平成元年5月24日）は、「天皇が記帳所において国民から病気平癒の見舞いの記帳を受けるということは、天皇の象徴たる地位に由来する公的なものであり、したがって天皇の右地位を離れた純粋に私的なものであるとみることはできない」とし、「公人としての天皇に係わる行為については、内閣が直接に又は宮内庁を通じて間接に補佐することになり、その行為に対する責任もまた内閣が負うことになるので、天皇に対しては民事裁判権がないと解すべきである」として訴えを却下した。
　控訴審（東京高判平成元年7月19日）は、「天皇は、……象徴という地位にあるとされているから、主権者である一般の国民とは異なる法的地位にあると解せられる。もとより、天皇といえども日本国籍を有する自然人の一人であって、

日常生活において、私法上の行為をなすことがあり、その効力は民法その他の実体私法の定めるところに従うことになるが、このことから直ちに、天皇も民事裁判権に服すると解することはできない。仮に、天皇に対しても民事裁判権が及ぶとするなら、民事及び行政の訴訟において、天皇といえども、被告適格を有し、また証人となる義務を負担することになるが、このようなことは、日本国の象徴であり日本国民統合の象徴であるという、天皇の憲法上の地位とは全くそぐわないものである」として、控訴を棄却した。

これに対して、Xは、象徴であることによっては民事裁判権をなくすことはできず、原判決は憲法第1条の解釈を誤っていること、本件は公職である天皇を相手方としたものではなく私人としての天皇家明仁を相手方としたものであり、同人について民事裁判権を否定した法令は存在せず、また同人に代わって責任をとるべきものとして指定された人格も存在しないことなどを主張して上告した。

II. 判　　　旨

［上告棄却］

「天皇は日本国の象徴であり日本国民統合の象徴であることにかんがみ、天皇には民事裁判権が及ばないものと解するのが相当である。したがって、訴状において天皇を被告とする訴えについては、その訴状を却下すべきものであるが、本件訴えを不適法として却下した第一審判決を維持した原判決は、これを違法として破棄するまでもない。」

III. 研　　　究

1. 天皇に民事裁判権が及ぶかについては、下級審の判例に、「天皇を裁判権に服するものとして裁判所が裁判する事は法の下の平等と云う点より見れば可能であろう。併し法の目的たる秩序維持と云う観点よりすれば夫は明に否定さ

れるべきである。何となれば夫は最早や法律秩序維持の為の手段として役立ずして、却って其の動揺と破壊とをもたらすからである。故に天皇は国の安全の為に一般に裁判権には服しないと為すべきものである」（東京地命昭和26年2月19日）と述べてこれを否定するものや、「日本国憲法によって定められた天皇の象徴たる地位が……日本国民の総意に基くものである以上、日本国憲法は国民各自に現に皇室典範の定めるところにより皇位にある天皇に対して、いかなる理由においても、日本国の象徴であり日本国民統合の象徴である適格がないことの確認を裁判所に訴求する権利を認めておらず、またいかなる裁判所にもこれについて裁判をなす権限を認めていないものと解すべきはむしろ当然である」（東京高命昭和26年6月29日）とするものがあった[1]。特に、前者は、「天皇は……一般に裁判権には服しない」と述べており、天皇に対する裁判権一般を否定する趣旨とも受け取られるが、これらはともに昭和天皇不適格確認訴訟という特異なケースにおける判断であり、そこでの判断内容は、必ずしも一般化できるものではない（実際、前者においては、「但、財産権上の請求に付ては別途の考慮を必要とすべき理由がある」との括弧書きが付されている）。

これに対し、本判決は、天皇が「日本国の象徴であり日本国民統合の象徴」であることを理由に、天皇には民事裁判権が及ばないことを判示した最初の最高裁判決であり、憲法学上極めて注目すべきものと考えられるので、すでにいくつかの判例研究が発表されているが[2]、敢てここで取り上げてみることにしたい。

なお、本判決については、「訴状において天皇を被告とする訴えについては、その訴状を却下すべきものであるが、本件訴えを不適法として却下した第一審判決を維持した原判決は、これを違法として破棄するまでもない」と述べていることの意味など、民事訴訟法学上の論点もあるが[3]、本章では、天皇に対して民事裁判権が及ぶかという、憲法学からみて興味ある論点に絞って検討していくことにする。

2. まず、明治憲法下の法令、実例からみていこう。

明治憲法は、周知のごとく、天皇を「国ノ元首ニシテ統治権ヲ総攬」（第4条）するものとし、「神聖ニシテ侵スヘカラ」（第3条）ざる存在と定めていた

が、同時に皇室財産としての御料が他の国有財産や民有財産と境界を接して存在していることもあり、その境界をめぐって国民との間に争いが生じる可能性があった。当初、1891（明治24）年勅令第3号は、「各省、北海道庁及ヒ府県ハ其所管又ハ監督スル事務ニ関スル民事訴訟ニ付国ヲ代表ス」（第1条。漢字は新字体に改めた。以下同じ）、各省は「省令ヲ以テ所属特別地方機関中其司掌事務ニ係ル民事訴訟ニ付国ヲ代表スルモノヲ定ムルヲ得」（第2条）と規定し、また、皇室典範（1889（明治22）年）は、「皇族相互ノ民事ノ訴訟ハ勅旨ニ依リ宮内省ニ於テ裁判員ヲ命シ裁判セシメ勅裁ヲ経テ之ヲ執行ス」（第49条）、「人民ヨリ皇族ニ対スル民事ノ訴訟ハ東京控訴院ニ於テ之ヲ裁判ス但シ皇族ハ代人ヲ以テ訴訟ニ当ラシメ自ラ訟廷ニ出ルフ要セス」（第50条）と規定して、国及び皇族に関する民事訴訟について定めていたが、御料に関する民事訴訟については明文の規定が存在しなかった。そのため、天皇に代わって御料局長が提起した訴訟[4]をめぐって、皇室が司法裁判所の裁判権に服するか否かが議論された。

この点については、帝国議会においても、「我国体ニ照スニ天皇ノ神聖不可侵タル絶対無限ニシテ夫ノ外邦ノ君主ノ或ハ其私権上ノ関係ニ於テ臣民ト対等ノ位地ニ立ツモノト断シテ同一視スルヲ許サス故ニ我現行ノ法制上皇室ノ人民ニ対シ又ハ人民ノ皇室ニ対スル訴訟アルコトヲ想定セス……若シ通常裁判所カ皇室ヨリ人民ニ対スル訴訟ヲ受理シ之ヲ審理判決スルコトヲ得ルトセハ人民モ亦皇室ヲ被告トシテ通常裁判所ノ判決ヲ受クルコトヲ得ヘキハ当然ニシテ皇室ト人民トハ司法裁判上対等ノ位地ニ立チ畏多クモ皇室ハ裁判所ノ命令ニ依リ強制ヲ受クルニ至ルヘキハ勿論既ニ司法裁判所ノ権限ノ下ニ立ツ以上ハ別段ノ明文アラサル限リ総テノ法令ハ人民ト同シク皇室ニモ適用セラル丶モノトナルヘシ」[5]とする質問がなされている。

しかし、岐阜地方裁判所は、1905（明治38）年3月、「現行法規上特ニ皇室ニ於テ特ニ財産ヲ有セラルルコトヲ定メラレシ以上ハ人民トノ間ニ財産上ノ権義関係ヲ生スルハ免レサルヘク而シテ右財産上ノ争ニ関シテハ司法裁判所ヲシテ審判セシムルモ敢テ神聖不可侵ノ原則ニ悖リ国体ヲ損スルモノト云フヲ得サルヲ以テ右争ヲ決スヘキ特別機関ノ定メアラサル今日ニアリテハ一般ノ訴訟手続ニ依ルヘキモノト論決セサルヲ得ス」[6]と判示して皇室の財産に関する司法裁判所の民事裁判権を肯定すると同時に、御料局長の訴訟行為をも正当なものとし

第1章　天皇と民事裁判権

て認めた。

その後、皇室財産令（明治43年皇室令33号）が制定され、その第3条に「民法第一編乃至第三編商法及附属法令ハ皇室典範及本令其ノ他ノ皇室令ニ別段ノ定ナキトキニ限リ御料ニ関シ之ヲ準用ス」との規定が置かれた。少なくとも御料に関しては、民商法が準用されることにより、天皇も民事上の責任を負うものであることが明らかにされたわけである[7]。また、同令第2条は、「御料ニ関スル法律上ノ行為ニ付テハ宮内大臣ヲ以テ其ノ当事者ト看做シ但シ宮内大臣ハ所部ノ官吏ヲシテ代理セシムルコトヲ得」と規定し、御料に関する訴訟では、宮内大臣又は宮内大臣が定めた「所部ノ官吏」が当事者となることを明確にした。さらに、同令第87条第2項においては、御料に属する林野の境界査定に不服のある隣接地所有者は通常裁判所に訴訟を提起しうることを定めている[8]。

3．次に、天皇が「神聖不可侵」とされた明治憲法下において、当時の憲法学説が天皇の民事責任をどう理解していたのかをみていこう。

上杉慎吉は、天皇が「神聖不可侵」とされることを、天皇に「責任無しと云ふよりも、寧ろ責任を問ふことを得ず又は制裁を課することを為さずと云ふ方が正確である、即ち天皇は国家に於て最高の地位に居らるるが故に、其の責任を問ひ、制裁を課することを得る意志は他に存在せぬのである」と説明し、「凡そ臣民を規律する一切の国法は民法と云はず刑法と云はず、又諸般の行政法規と云はず、悉く皆初より臣民を規律の対象者とするのであつて、天皇に適用するものに非ざるは、当然なることである、されば本より責任の問題を生ぜぬ」とする。しかし、「民法刑法その他行政の法規等の一切の法は本来天皇に適用無きものと云つたが、刑法その他制裁を課するものは別として、これ等臣民に適用する法でも、天皇の行為に適用するものと特に定め得られぬと云ふことは無い、皇室令に於て、皇室財産と云ふものを認め、これに関しては、民法商法等の一般財産法規を準用するものとなつて居る。而して、此の規定を見ても、これ等の法規は本来は天皇に適用無きものであることが分る」としている[9]。

また、美濃部達吉は、天皇が「神聖不可侵」とされることに由来する原則として、不敬行為が禁止されること、政治上の責任がないこと、廃立が法律上不能なこととともに、「御一身に付き一般に国法の適用なく殊に刑事上の責任なき

11

こと」を挙げている。すなわち、「天皇の大権の行使に付いては、憲法及び法令の拘束ある……が、それは大権の行使に付いてのみであつて天皇の御一身上に関しては、原則としては皇室の自律権に基き専ら皇室典範及び皇室令に依つて定められるのであつて、一般の法令は全く天皇には適用せられないことを原則とする」とする。ただ、「天皇は御一身上の事に関し一般に国法の適用を受けたまはず、随つて又国の司法権にも服したまはないことの原則に対して、例外を為すものは、御料に付いてゞある。……総て御料は一般に民法・商法及び附属法令の適用を受くるものであり、随つて又御料に関しては民事裁判がその効果を及ぼすことが出来る。それは、財産に関しては皇室財産も国有財産も又は普通の民有財産も各一定の限界を以て相並立して居るもので、民事裁判は唯その限界を確認するに止まり、敢て皇室の尊厳を害するものではないからである。……皇室の財産に付いても、若し他の者の財産との限界に付いて争が起ることが有れば、民事裁判に依つてその争を決するの外は無いのである。……民法上の損害賠償に付いても同様で、損害要償の権利も財産権に外ならぬものであるからである」と述べている[10]。

　上杉の立場は、本来、民法・商法等の一般の法令が天皇に適用されることはないのであるが、特に皇室令たる皇室財産令により民法・商法等が皇室財産である御料に準用されるとされたことの結果として、天皇も民事上の責任を負うことになるとするものである。上杉の立論では、本来、一般の法令が天皇には適用されないという点に重点が置かれ、皇室財産令もこれを例証するものとして扱われている。他方、美濃部の立場は、本来、天皇に一般の法令の適用がないとする点では上杉と同様であるが、御料に関する取り扱いをこの原則に対する例外として位置づけるものである。しかし、この例外は御料だけにとどまらず、民法上の損害賠償にまで拡大されている。この点からすれば、皇室財産令第３条で規定されたことの結果として天皇が御料についての民事責任を負うのではなく、財産権の限界に関する問題は、そもそも天皇が一般の法令の適用を受けないという原則の例外をなすものであり、皇室財産令第３条はこれを確認したものであるとするのが、美濃部の立場といえよう。

　これに対して、佐々木惣一は次のようにいう。「神聖ニシテ侵スベカラズトハ、天皇ガ其ノ尊厳ヲ害セラルヽガ如キ方法ニ於テ法上ノ責任ヲ負ハセラレザ

ルコトヲ謂フ」。「故ニ法上全然責任ヲ負ハセラレズト云フニ非ズ」。「如何ナル状況ヲ以テ天皇ノ尊厳ヲ害ストスルカハ全ク国民感情ノ問題ナリ。一概ニ定メ難シ。先ヅ一方ニ於テ天皇ノ行為ノ公務トシテ行ハルヽモノタルト私務トシテ行ハルヽモノタルトヲ分チ、他方ニ於テ責任ヲ問フ手段ノ種類ヲ分チ、而シテ今日ノ国民感情ニ就テ考フルヲ要ス」。「天皇ハ財産ノ法律関係ノ決定手続ヲ定ムル法ニ依テ責任ヲ負ハセラル。……蓋シ財産的法律関係ニ就テ天皇ニ対シテ法ノ定ムル手続ヲ行フハ其ノ尊厳ヲ害スルモノニ非ザレバナリ。……今日天皇ノ私法上ノ財産関係トシテ法ニ規定セラレタルモノハ御料ノ法律関係ナリ。御料ノ法律関係ニ就テハ……〔皇室財産令第3条により──引用者〕天皇ハ権利義務ヲ有セラル。而シテ此等ノ権利義務ニ関シテハ、固ヨリ、他人ヨリ天皇ニ対シテ民事訴訟ヲ提起スルコトフ得、天皇ヨリモ他人ニ対シテ民事訴訟ヲ提起セラルヽコトヲ得」[11]。

　また、清水澄は次のようにいう。「不可侵ナル語ヲ法律上一般ニ無責任ナリト解シ君主ハ民事上ニ於テモ無責任ナリト考フル人アリト雖モ是レ誤ナリ、民事裁判所ニ於テ天皇ノ財産上ノ権利義務ヲ決定スルモ天皇ノ尊厳フ害スルモノニアラサルニヨリ皇室財産ハ民事上ノ責任フ免ルルモノニアラス従ツテ民事上ノ責任ハ憲法第三条ノ適用ヲ受クルモノニアラサルナリ」[12]。

　佐々木の立場は、「神聖不可侵」とは天皇がその尊厳を害されるような方法で法的責任を負うことがないということであり、財産上の法律関係について法的責任を負うとすることは天皇の尊厳を害するものではないとするものである。従って、天皇が財産上の法律関係において民事責任を負うということは、天皇が本来一般の法令の適用を受けないことの例外といったものではなく、初めから天皇の「神聖不可侵」と抵触するものではないということになる。それ故、佐々木の立場からすれば、皇室財産令第3条の規定は、御料について天皇が民事責任を負うことを確認したものと位置づけられることになろう。清水の立場も基本的には佐々木と同様であり、特に民事上の責任については、天皇を不可侵とした明治憲法第3条の規定の適用がないことを明言している。

　このように、「神聖不可侵」と天皇の民事責任との関係をどのように考えるかは、論者によって差異がみられる。しかし、少なくとも、皇室財産令第3条によって天皇が御料について民事責任を負うとすることが、「神聖不可侵」とされ

る天皇の尊厳を必ずしも害するものではないとみる立場が有力であった[13]ことは、注意されてよい。

4．天皇が民事責任を負うということは、必ずしも天皇自身が訴訟当事者として民事裁判権に服するということを意味しない。例えば、**2**で述べたように、皇室財産令では、宮内大臣又は宮内大臣が定めた「所部ノ官吏」が御料に関する訴訟の当事者となるものとされている（第2条）。

実際、天皇自身が原告又は被告として民事訴訟の当事者になるとすれば、天皇に対する当事者尋問や強制執行などがありうることを予想しなければならない。御料に関する訴訟のような明文の規定のある場合は別として、天皇自身を当事者とする民事裁判権について、明治憲法下の学説はどのように考えていたのであろうか。

美濃部達吉は、「御料に関して民事訴訟が起される場合には、天皇が親らその原告又は被告の地位に立たせたまふのではない。それは天皇の尊厳を傷ふもの」[14]であると述べている。ここでは御料に関する民事訴訟の場合について語っているが、これに限られるとする趣旨ではなかろう。民事責任について、広く民法上の損害賠償まで含めて議論する美濃部の立場からすれば、天皇自身が訴訟当事者の地位に立つことは常に天皇の尊厳を傷つけるものとみている、というべきである。これに対して、佐々木惣一は、「天皇ハ財産的法律関係ニ付テ裁判ヲ受ケサセラル、コトアリト雖、天皇親ラ直接ニ其ノ当事者トナラセラレズ、是レ……独リ御料ニ限ラズ天皇ノ財産的法律関係ニ関スル場合ハ常ニ然リト解スベシ」[15]と述べ、財産的法律関係について、天皇が常に訴訟当事者とならないことを明確にしている。しかし、ここには、天皇の尊厳を害するといった文言はみられない[16]。それ故、佐々木が、天皇が訴訟当事者となるべきことを規定しても天皇の尊厳を害することにならないと考えていたのか否か、必ずしも明らかではない。

このような憲法学説に対して、民事訴訟法学説はどうであったか。「天皇ハ統治権ノ主体ニシテ随テ裁判権ノ主体ナルヲ以テ裁判権ノ支配下ニ立タサルカ故ニ民事訴訟法ノ適用ヲ受クルコトナシ」[17]として、天皇が統治権の主体であることを理由に民事裁判権に服さないとする立場もあったが、むしろ、前述した

皇室典範第49条・第50条、1891（明治24）年勅令第3号、皇室財産令第2条のような規定はあるものの、「天皇カ民事訴訟ノ当事者タル可キ場合ノ規定ヲ為ササル所ヨリ見ルトキハ我国法ニ在リテハ天皇ハ民事訴訟ノ当事者タルコトナシトノ主義ヲ採用シタルコト洵ニ明瞭ナリ」[18]とし、天皇自身を当事者とする民事裁判権が否定される根拠を「実定法の仕組み」[19]に求める立場が有力であったようである。また、この立場においては、「将来民事訴訟ノ当事者タルヲ得ルコトヲ定ムルモ国法上妨ケナシ但シ裁判ノ結果ヲ強制スルコトヲ得サルノミ」[20]と述べ、天皇を民事訴訟の当事者となしうることまで踏み込むものもあった。

以上のように明治憲法下の学説においては、天皇自身を当事者とする民事裁判権は確かに否定されていた。しかし、その理論的根拠については必ずしも一致しておらず、天皇が民事訴訟の当事者となることはその尊厳を害するとするものから、訴訟当事者と定めうるとするものまで、バラエティに富んでいた。ただ、ここでは、天皇自身が当事者として民事裁判権に服することはその尊厳を害する、という共通認識があったわけではないことを確認しておきたい[21]。

5． 次に、日本国憲法下における学説状況についてみていこう。

天皇は、日本国及び日本国民統合の「象徴」（憲法第1条）として、日本国憲法に列挙された国事行為のみを行なうが、他方、天皇の地位につくのが具体的な人間であることから、当然に私的個人としての側面をも有する。その結果、私的行為に伴う責任が問題となる。

まず、天皇の刑事責任については、これを問いえないとする点で学説はほぼ一致しているが[22]、その理論構成には若干の差異がみられる。「象徴としての天皇には刑事責任なしとするのが憲法の法意」[23]とする立場もあるが、通説は、摂政や国事行為の臨時代行者、さらには国務大臣が在任中訴追されないとされていること（皇室典範第21条、国事行為の臨時代行に関する法律第6条、憲法第75条）から類推して、天皇の刑事無答責を認めている[24]。しかし、このような解釈方法に対しては、「憲法の解釈をするのに、憲法よりも下級の皇室典範を類推している点で、方法論上の誤りを犯している」[25]とか、「不訴追特権は、平等原則に対する例外であるから、類推解釈になじまず、憲法上の明確な根拠を要する。天皇が象徴であるということは、天皇が象徴として機能しうる状態に

おかれなければならないという要請も含まれていると解することによって、不訴追特権はかろうじて可能となると解される」[26]といった批判が展開されている。

これに対し、民事責任については、「特に天皇を除外する理由はない、というのが通説である」[27]とされてきた。しかし、憲法概説書の中で天皇の民事責任について論じたものは刑事責任の場合ほど多くはなく[28]、また、その理由づけも「天皇の責任を除外すべき特別の理由はない」[29]、「民事上の無答責は、認められないとするのが一般である」[30]などと述べるのみで、必ずしも明確なものではなかった[31]。

それでは、天皇の民事責任について、現行憲法制定時、政府はどのように答弁していたのであろうか。現行憲法が審議された第90帝国議会において、当初、木村篤太郎司法大臣は、「天皇は国の象徴であり国民統合の象徴である、即ち国民の憧れの中心でいらせられまするその御地位に鑑みまして、刑事上の責任は勿論、民事上の責任は御持ちにならぬと云う建前」であるとしていたが、その後、金森徳次郎国務大臣は、「天皇の御所有になって居る自動車が過って人に怪我をさせるとか、人の財産を壊すと云うことはあり得るのでありまして、その時に民事的なる規定で以て天皇の民事責任が起ると云うことは、これは理論上も考えられまするし、実際制度としてもそうなって居ると思います」との天皇の民事責任を肯定する答弁を行なっている[32]。

現行憲法制定当時において、天皇の民事責任が肯定されたことは、すでに述べた明治憲法下の実例、法令、学説状況に照らせば、何ら不思議なことではない。「"天皇に民事責任を負わせても、それが直ちに尊厳を損ねるわけではない"との天皇観が、明治憲法以来形成され、それが少なくとも制憲時の共通理解であった」[33]というべきであり、前述した現行憲法下における通説も、本来、このような文脈の中に位置づけられるべきであろう[34]。

天皇が民事責任を負いうるとしても、天皇自身が訴訟当事者として民事裁判権に服することになるのか。この点については、ほとんどの憲法概説書は何ら言及してこなかった[35]。民事訴訟法学説では、多数説は、「裁判権は、原則としてわが国内にいるすべての人を支配する。……天皇も民事裁判権に服する」[36]として天皇自身を当事者とする民事裁判権を肯定するが、少数説は、「天皇は日

本国の象徴であり日本国民統合の象徴である点において（憲1)、他の一般国民とは異なる地位にあるから、……天皇は裁判権には服しないものと解するのが妥当である」、「天皇を国民の中に含ませて法の下に平等であるとし、裁判権の客体となるものと解することは、日本国の象徴であり日本国民統合の象徴である地位を無視する結果となるから不当である」として、これを否定している[(37)]。ここでは、天皇が「象徴」であることを根拠として民事裁判権否定の結論が導き出されているが、それは、本件最高裁判決の論理そのものといえる。

6．天皇は、「日本国の象徴であり日本国民統合の象徴」（憲法第1条）とされるが、この「象徴」の意味については、「無形で抽象的なものを有形で具体的な存在によって表わすこと」[(38)]をいうとする共通の理解が存在する。そして、この「象徴」とは、本来、社会的心理的なものであって、それ自体としては法的意味を持つものではないとされる。

それでは、日本国憲法第1条が特に天皇を「象徴」であると定めていることに、どのような法的意味ないし法的効果があるか。この点については、「天皇の『象徴』の法的意味は、……〔憲法——引用者〕第一章の明文規定からその範囲内で限定的に帰納される。……したがって『象徴』規定はそれ自体で自立した<u>固有の内容をふくみえない</u>」[(39)]とする立場もあるが、「それは、単に、天皇が象徴であるという社会的事実を表示するものではなくて、『象徴とみなされる<u>べきである</u>』という規範的要素をも含む」[(40)]とする立場も有力である。そして、この立場に属する学説の中には、「国民は法律上に天皇の御一身に対し国家及び国民統合の現れとして尊崇すべき義務を負ふ」[(41)]とするものもある。しかし、ここで注目すべきは、「『象徴』とされるものは、国旗などと違って人格であるため、その地位にあるものに対して象徴的役割にふさわしい行動をとることの要請を随伴するものとみなければならず、また、そのような役割にふさわしい待遇がなされなければならないという規範的意味が存在する」[(42)]という見解である。このような立場に立つのは、佐藤幸治、小嶋和司、榎原猛などであるが、それでは、「象徴」にふさわしい待遇の中身として、どのようなものを考えているのであろうか。

佐藤は、「一定の範囲・程度」において天皇を「象徴」としての役割をもつ人

として取り扱わなければならないとし、その例として(「その範囲・程度が妥当なものか否かは別として」という留保を付けた上で)、現行法が天皇の特別な身分を認めていることを挙げる。すなわち、皇室典範に基づく身分法上の特例、憲法第8条・第88条及び皇室経済法に基づく財産法上の特例、そして天皇の不訴追という刑事法上の特例である。しかし、これらはいずれも「象徴である」ということの直接の効果として説明されているわけではなく、天皇の不訴追も、摂政・天皇権能代行者が在任中訴追されない旨の明文規定との関連から引き出されているにすぎない。また、政治上の無答責にしても、憲法第3条の帰結とされている[43]。

　小嶋も、「待遇や行動規範は『象徴』の語そのものからは特定されず、その具体的内容は憲法典の他の規定や法律をもって定められるべきものである」として、佐藤とほぼ同様の現行法上の特例を挙げ、政治上の無答責については憲法第3条により説明している。また、刑事責任については、皇室典範、国事行為の臨時代行に関する法律から類推し、刑事上の無答責を「法の前提」として引き出している[44]。ここでも、これらは「象徴である」ことの直接の効果として説明されているわけではない。

　これに対して、榎原は、「憲法は、国家および国家構成員に対し、天皇を『象徴』として処遇すべきことを強要しているのであるから、刑事責任であると民事責任であるとを問わず、象徴性を傷つけるような仕方での責任の追求はできないものと解すべきである。何が象徴性を傷つけるかは、そのときどきの国民意識によって多少の変動はあろう。ただ一般的にみて、刑事責任の追求は象徴性を傷つけること大であり、民事責任の追求は象徴性を傷つけること小であると考えられる」[45]としている。

　佐藤・小嶋の所説では、天皇の民事責任については直接的な言及は何らなされていない。また、すでに述べたように、刑事上の無答責についても、実際には「象徴であること」の直接の効果として説明されているわけではない。この点、榎原は、「刑事責任の追求は象徴性を傷つけること大」としているが、「民事責任の追求は象徴性を傷つけること小」としており、民事責任それ自体は必ずしも否定しているわけではない。これらのことからすれば、「象徴」としての役割にふさわしい待遇が要求されるとしても、「天皇が象徴であることから直ち

に引き出される法的効果は、せいぜい刑事責任の否定」[46]までということになろう。そして、結局は、「『象徴』とされることに何らかの法的効果が発生するとすれば、それは別に法が定めた結果であり、『象徴』とされるということから当然に流出する効果ではない」[47]という前提に立ち返り、どのような取り扱いをするかは個々の法律によって定めざるをえず、また、法によって定められた天皇の取り扱いが、国民主権の下での「象徴」としてふさわしいものであるか否か、個々具体的に判断せざるをえないというべきであろう。

　天皇自身に対する民事裁判権についても、同様のことがいえよう。もちろん、天皇自身が訴訟当事者として、あるいは証人として出廷するなどということは、国民主権下の「象徴」としてもふさわしくないということはありえよう。しかし、この点については、天皇にも民事裁判権が及ぶことを前提とした上で、2〜4で述べたような明治憲法下の経験を踏まえた特別扱いを法律で定めることも可能であり[48][49]、このような考慮を経ずに、天皇が「象徴」であることから直ちに民事裁判権否定を導くのは短絡的といわざるをえない。また、このような論理は、裁判を受ける権利を含めた国民の権利保障の視点が欠如したものということにもなろう。

　ところで、天皇が「象徴」と規定されたことについて、「明治憲法の天皇を全部廃止してしまう代りに、そのもっていた役割のうちで国の象徴たる役割だけを残しておこうというのである」[50]と説明されることがある。このような理解に対しては、主権の所在が変動したことなどを理由に強い批判があるが[51]、それはともかく、日本国憲法で統治権の総攬者たる地位が否定され、その結果、「象徴」としての役割が顕在化したのだとすれば、明治憲法下で天皇が「神聖不可侵」とされた当時においても、現に皇室の財産に関する民事訴訟が司法裁判所に提起された事実、法令上御料について天皇も民事責任を負うとされた事実、学説上も天皇の民事責任が否定されず、天皇自身を当事者とする民事裁判権についても、それが天皇の尊厳を害するという共通認識があったわけではないという事実に照らすと、「象徴」とされることから直ちに天皇に対する民事裁判権否定を導き出すのには、無理があるように思われる。

7．こうしてみてくると、刑事責任と民事責任を区別した議論すらすること

なく、「象徴」であることから直ちに何らの留保なしに天皇に対する民事裁判権否定を導く本件最高裁判決は、説得力に乏しいといわなければならない。そこでは、すでに述べた明治憲法下の経験などは全く考慮されておらず、現憲法において「象徴」とされたことに伴う天皇の取り扱いについての細かな検討もなされていないのである。

　また、本訴訟では、元来、千葉県が設置した県民記帳所の設置費用相当額が昭和天皇の不当利得になるのか、今上天皇がその不当利得返還債務を負うのかが問われた[52]のであるが、本判決では、この民事上の責任の有無については全く触れず、いかなる場合であれ天皇には民事裁判権が及ばないという立場に立っている。そこには、裁判を受ける権利を含めた国民の権利の保障に対する配慮は全くみられない。

　さらに、本判決が「象徴」であることから直ちに何らの留保なしに天皇に対する民事裁判権否定を導いていることからみて、「明治憲法下において、皇室財産令二条により認められていた種類の天皇に対する訴訟も、現行法上は許されないことになった」[53]という指摘をする者もある。確かに、明治憲法下においては、天皇自身が当事者として民事裁判権に服することがその尊厳を害するという共通認識があったわけではなく、しかも、民事訴訟法学説においては、天皇自身を当事者とする民事裁判権否定の根拠を「実定法の仕組み」に求める立場が有力であったことからすれば、皇室財産令第2条のような制度を、本来天皇にも民事裁判権が及び得ることを前提としたものと位置づけることは十分可能であったといえる。しかし、本判決のように「象徴」であることから天皇に対する民事裁判権が全面否定されるならば、皇室財産令第2条のような制度は、その存立の前提を失うことにもなり得るわけである。このことは、天皇が「神聖不可侵」とされた明治憲法下の取り扱いからさらに後退するものといわざるをえまい。ただ、民事責任を負うことと民事裁判権に服することとは一応区別して議論しうることからすれば、天皇自身を訴訟当事者とすることは別としても、天皇の民事責任について何らかの法的手当てをすることは可能なようにも思われる。

　次に、控訴審判決についてであるが、そこでは、天皇が「被告適格を有し、また証人となる義務を負担すること」が「象徴」である「憲法上の地位とは全

くそぐわない」として、天皇に対する民事裁判権が否定されている。しかし、すでに述べたように、訴訟当事者ないし証人としての出廷などについては、一般国民とは異なる「象徴」たるにふさわしい特別な取り扱いを法律で定めることも可能なはずである。こうした検討をせぬまま民事裁判権否定を導き出している控訴審判決も、やはり説得力は乏しいといわざるをえないであろう(54)。

　最後に、第1審判決について一言しておこう。第1審判決は、天皇が記帳所で病気平癒の見舞いの記帳を受けることが「象徴」たる地位に基づく「公的なもの」で、「純粋に私的なもの」とはいえず、「公人としての天皇」の行為についての責任は最終的に内閣が負うとして、天皇についての民事裁判権を否定している。しかし、天皇の「公的行為」や「公人としての天皇」といった議論(55)は、国会開会式での「おことば」や外国元首との親電交換など、国事行為以外の私的行為とはいえない天皇の行為を内閣の政治的責任の下に置くことに本来の狙いがあるのであり、本件のような県民記帳所設置費用相当額を天皇が不当利得したとする問題に対処する枠組みとしては、不適切というべきであろう(56)。

　さらにいえば、天皇の行為で「純粋に私的なもの」がどれほどあるのか、疑問なしとしない。例えば、天皇の私的生活に関わる領域が特別職の公務員である侍従らによって支えられているという現実があり、それは「象徴たる立場にある陛下のご行動は、私的な面であっても公的な面に影響があり、私的なご行動が適正でないと、結局、公的な面を害することになるから、私的な面のお世話をして遺憾なきを期することは、国家事務である」(57)という論理で説明されている。この論理に従う限り、天皇の行為のほとんどは「純粋に私的なもの」とはいえなくなるであろう。そうなると、そもそも天皇の「私的行為」を取り上げ、その民事責任などを議論すること自体が意味のないものになるのかもしれない。天皇は「象徴」という一般国民とは全く違った存在であり、私的個人としての側面は持ちあわせていない、従って「私的行為」に伴う民事責任や民事裁判権を云々する余地は初めからない、という議論もありうるであろう。しかし、この議論が「象徴」たる天皇の地位につくのが具体的な人間であるという事実にどこまで適合するのか、疑問であるといわなければならない。ただ、これらの点については、天皇の「公的行為」、「公人としての天皇」に関心を向けるあまり、天皇の私的生活領域、「私的行為」を憲法学的にどう位置づけるか

という議論が従来貧困であったことも事実であり[58]、今後の課題の1つであるというべきであろう。

〈注〉
(1) これらはいずれも、有倉遼吉編『判例コンメンタール1 憲法Ⅰ』（三省堂、1977年）31頁に収録。
(2) 例えば、岩渕正紀「天皇と民事裁判権」ジュリスト954号（1990年）96頁、同「天皇と民事裁判権」法曹時報42巻4号（1990年）166頁以下、佐々木高雄「象徴天皇と民事裁判権」法学教室116号（1990年）100頁以下、田中舘照橘「象徴天皇と民事裁判権」法令解説資料総覧102号（1990年）122頁以下、栂善夫「天皇と民事裁判権」法学セミナー427号（1990年）114頁、日比野勤「天皇と民事裁判権」ジュリスト957号（平成元年度重要判例解説）（1990年）14頁以下など。本稿執筆にあたっては、佐々木論文、日比野論文が特に参考になった。なお、第1審判決については、森英樹「天皇に対する民事裁判権」法学セミナー419号（1989年）120頁がある。
(3) この点については、注（2）に掲げた文献のうち、さしあたり岩渕論文、栂論文を参照。
(4) この訴訟の経緯は、次のようなものであった（1905（明治38）年2月23日、衆議院における神崎東蔵議員の質問演説（『帝国議会衆議院議事速記録20 第21回議会 明治37年』（東大出版会、1980年）316・318頁）による）。
　　Aは、岐阜県恵那郡付知村に御料の山林に境を接して山林を所有していたが、1900（明治33）年から1902（同35）年にかけて、生糸事業に失敗したためX社・Y社から融資を受け、A所有の山林に抵当権が設定された。ところが、御料局から抵当権が設定された山林と御料の山林との境界が誤っているとのクレームがつき、これを心配したAは、御料局に対して境界画定の交渉を始めたが、結局まとまらなかった。その後、X社・Y社は、その抵当債権実行のためこの山林の競売を申し立て、1904（明治37）年1月に競売開始の決定が出された。そこで、土地の評価のために、裁判所の官吏、X社・Y社及びA立会いのうえ、競売の目的物についての境界が定められ、競売に着手されることになった。これに対し、同年7月23日、御料局長が天皇に代わって原告となり（原告は、この訴訟の性質を「代表資格ニ於テ所有権ヲ主張スルノ訴」としており、神崎議員によれば、それは「御料局長カ上御一人ヲ代表シテ其訴訟ヲ提起シタルモノナリト言フニ外ナラ」ない）、競売取消しを求めて岐阜地方裁判所に提起したのが本訴訟である。
(5) 1905（明治38）年2月21日付、衆議院議員神崎東蔵提出の「皇室ノ訴訟ニ関スル質問主意書」前掲書注（4）316頁。
(6) 清水澄『国法学第一編 憲法篇』（清水書店、1923年（第21版））328頁。
(7) 日比野・前掲論文注（2）15頁。

(8) 本節の記述は、清水・前掲書注（6）327～329頁を参考にしている。
(9) 上杉慎吉『帝国憲法逐条議義』（日本評論社、1941年（第11版））12～14頁。
(10) 美濃部達吉『逐条憲法精義』（有斐閣、1927年）116～119頁。
(11) 佐々木惣一『日本憲法要論』（金刺芳流堂、1931年（第2版））193～196頁。
(12) 清水・前掲書注（6）326頁。
(13) 佐々木高雄・前掲論文注（2）101頁、日比野・前掲論文注（2）15頁。
(14) 美濃部・前掲書注（10）119頁。
(15) 佐々木惣一・前掲書注（11）196頁。-
(16) これに対し、天皇に対する強制執行がその尊厳を害することは明言している。佐々木惣一・前掲書注（11）197頁。
(17) 中島弘道『日本民事訴訟法第一編』（松華堂書店、1943年（第4版））32頁。
(18) 細野長良『民事訴訟法要義第一巻』（厳松堂書店、1935年（第10版））67頁。同旨、山田正三『改正民事訴訟法第一巻』（弘文堂書房、1928年）75頁など。
(19) 日比野・前掲論文注（2）15頁。
(20) 細野・前掲書注（18）68頁。
(21) 日比野・前掲論文注（2）15頁は、「天皇の民事裁判権を肯定することが直ちに天皇の尊厳を損なうとは考えられていなかった」とするが、その意味は必ずしも明確ではない。むしろ、本文で述べたようにいう方が正確であろう。
(22) どのように扱うかは法律で定めうるとする立場もある。例えば、佐々木惣一『改訂日本国憲法論』（有斐閣、1952年）162～163頁。
(23) 清宮四郎『憲法Ⅰ〔第三版〕』（有斐閣、1979年）173頁。同旨、覚道豊治『憲法（改訂版）』（ミネルヴァ書房、1973年）161頁など。なお、杉原泰雄『憲法Ⅱ 統治の機構』（有斐閣、1989年）508～509頁参照。
(24) 例えば、佐藤功『日本国憲法概説（全訂第四版）』（学陽書房、1991年）328～329頁、小林直樹『〔新版〕憲法講義（上）』（東大出版会、1980年）55～56頁、橋本公亘『日本国憲法〔改訂版〕』（有斐閣、1988年）469～470頁、佐藤幸治『憲法〔新版〕』（青林書院、1990年）223頁、田上穰治『新版日本国憲法原論』（青林書院、1985年）59頁、法学協会『註解日本国憲法上巻』（有斐閣、1953年）68頁、伊藤正己『憲法〔新版〕』（弘文堂、1990年）153頁、小嶋和司『憲法概説』（良書普及会、1987年）323～324頁など。
(25) 榎原猛『憲法——体系と争点』（法律文化社、1986年）266頁。
(26) 杉原・前掲書注（23）508～509頁。
(27) 樋口陽一他『注釈日本国憲法上巻』（青林書院、1984年）96頁（樋口）。
(28) 例えば、注（23）～（25）の文献のうち、佐藤幸治、田上穰治、小嶋和司、法学協会のものでは、天皇の民事責任それ自体について直接には言及していない。
(29) 清宮・前掲書注（23）173頁。
(30) 橋本・前掲書注（24）470頁。
(31) もっとも、伊藤・前掲書注（24）153頁は、「天皇は象徴として特殊の地位をもつ

が、明治憲法のように神聖不可侵性を与えられていないところから考えて、私的行為から発生する民事責任はこれを免れないと考えられる」とし、また、佐藤功・前掲書（24）329頁は、「天皇の民事責任を肯定することが直ちに天皇が象徴たる地位にあることにふさわしくないものであるとは解されない」としている。

(32) 清水伸『逐条日本国憲法審議録第一巻』（日本世論調査研究所、1962年）563頁。
(33) 佐々木高雄・前掲論文注（2）101頁。
(34) 但し、明治憲法下において、"天皇に民事責任を負わせても、それが直ちに尊厳を損ねるわけではない"とされていたことが、十分理解されてきたかは疑わしい。例えば、伊藤・前掲書注（24）153頁は、天皇の民事責任肯定の根拠として「明治憲法のように神聖不可侵性を与えられていない」ことを挙げているし、橋本・前掲書（24）469頁は、刑事・民事上の責任を論ずる前提として、「明治憲法三条は、<u>包括的に天皇の無答責を規定していた</u>」（下線引用者）とする。また、榎原・前掲書注（25）266頁は、「明治憲法は、『天皇ハ神聖ニシテ侵スヘカラス』（三条）と定め、天皇の<u>公私一切の行為</u>に対する無答責の地位を明確にしていた」（下線引用者）としている。
(35) 例外的に、法学協会『註解日本国憲法下巻』（有斐閣、1954年）1134頁は、「裁判権の対人的除外に関しては、国内法上は何等例外がない。天皇もまた裁判権に服する」と述べているが、その理論的根拠については言及していない。また、佐藤功・前掲書（24）329頁は、「天皇が純然たる私人として行った行為により他人に損害を与えたという場合には、損害賠償など民事責任が問われ、民事裁判権に服するというべきである」とする。
(36) 兼子一『新修民事訴訟法体系〔増訂版〕』（酒井書店、1965年）65頁。同旨、三ケ月章『民事訴訟法』（有斐閣、1959年）244頁など。
(37) 斎藤秀夫編著『注解民事訴訟法（1）』（第一法規、1968年）65頁。
(38) 伊藤・前掲書注（24）130頁。
(39) 影山日出弥「天皇の象徴性」芦部信喜他編『演習憲法』（青林書院、1984年）55～56頁（下線部は、原文では傍点）。小林・前掲書注（24）151頁、鵜飼信成『憲法』（岩波書店、1956年）266頁も法的意味・効果を否定する。なお、結城光太郎「天皇の憲法上の地位――象徴・国事行為を中心として」公法研究10号（1954年）43頁参照。
(40) 清宮・前掲書注（23）155頁（下線部は、原文では傍点）。
(41) 美濃部達吉・宮沢俊義補訂『日本国憲法原論』（有斐閣、1952年）195頁。
(42) 佐藤幸治・前掲書注（24）219頁。
(43) 佐藤幸治・前掲書注（24）222～223、231、239～241頁。
(44) 小嶋・前掲書注（24）294、319～326頁。
(45) 榎原・前掲書注（25）266頁。
(46) 日比野・前掲論文注（2）14頁。
(47) 佐藤幸治・前掲書注（24）219頁。

(48) 例えば、佐藤功・前掲書注（24）329頁も、「天皇が被告または証人として出廷したりすることなどについては、場合により一般国民とは異なる扱いをすることは許されないわけではない」とする。
(49) 刑法上の「名誉に対する罪」について、「告訴をすることができる者が天皇、皇后、太皇太后、皇太后又は皇嗣であるときは内閣総理大臣が……代って告訴を行う」（刑法232条2項）と規定しているが、民事裁判における出廷の問題などについても、これに類した取り扱いをすることも可能であろう。

なお、実際には、法令上、天皇や皇族についての特別扱いが明定されず、必ずしも明確な理由が示されないまま適用が除外されたり、曖昧なまま処理されている場合も少なくないようで、それだけに、「適用の有無が問題となる事例が多い法令で、解釈上適用の有無が不明確であるものについては、疑義の生ずる余地の生じないように立法上の手当をすることが望ましい」といえる（成田頼明「天皇・皇族と国内法令の適用」ジュリスト933号（1989年）152頁）。本来であれば、本件のような場合に備えた立法措置も、予め行なわれて然るべきであったともいえよう。
(50) 宮沢俊義・芦部信喜補訂『全訂日本国憲法』（日本評論社、1978年）52頁。
(51) 伊藤・前掲書注（24）131〜132頁、佐藤幸治・前掲書注（24）221〜222頁、杉原・前掲書注（23）490〜491頁、影山・前掲論文注（39）54〜56頁など参照。
(52) 但し、県民記帳所設置費用相当額が昭和天皇の不当利得になるという原告の論理は、筆者には理解できない。
(53) 日比野・前掲論文注（2）15頁。
(54) 日比野・前掲論文注（2）15頁、佐々木高雄・前掲論文注（2）101頁参照
(55) この議論については、さしあたり小嶋和司「天皇の公的行為と私的行為」同編『憲法の争点（新版）』（有斐閣、1985年）44頁参照。
(56) 佐々木高雄・前掲論文注（2）100頁参照。
(57) 入江相政編『宮中侍従物語』（TBSブリタニカ、1980年）91頁。
(58) 憲法学説が明確な理由づけを示さないまま天皇の民事責任を肯定するのは、その例といえる。

第2章　外国人の公務就任権
―東京都管理職選考受験資格確認等請求事件―

最高裁平成17年1月26日大法廷判決、平成10年（行ツ）
第93号管理職選考受験資格確認等請求事件、破棄自判、
民集59巻1号128頁、判時1885号3頁、判タ1174号129頁

I．事実の概要

　大韓民国国籍の外国人で、「日本国との平和条約に基づき日本の国籍を離脱した者等の出入国管理に関する特例法」（1991（平成3）年法律第71号、以下「入管特例法」という）に定める特別永住者である原告X（控訴人、被上告人）は、1986（昭和61）年に保健婦[1]の採用につき日本国籍を有することを要件としないこととした被告Y（被控訴人、上告人、東京都）に、1988（同63）年4月、保健婦として採用された。Xが1994（平成6）年度及び1995（同7）年度にY人事委員会が実施した管理職選考試験を受験しようとしたところ、1994年度については、Y八王子保健所副所長はXが日本国籍を有しないことを理由にXの受験申込書の受領を拒否し、また、1995年度については、Y人事委員会の1995年度管理職選考実施要綱に日本国籍を有することが受験資格である旨明記され、同実施要綱及び受験申込書用紙がXに配付されなかったため、Xは両年度の筆記考査を受験することができなかった。そこでXは、Yに対し、(a) 1995（平成7）年度及び1996（同8）年度の各管理職選考受験資格を有することの確認を求めるとともに、(b) 1994（平成6）年度及び1995（同7）年度の各管理職選考の受験拒否は不法行為に該当するとして慰謝料の支払を求めて訴えを提起した。

　1審判決（東京地判平成8年5月16日判時1566号23頁）[2]は、(a) につき訴えを却下し、原判決（東京高判平成9年11月26日高民集50巻3号459頁）[3]も控訴を棄却したが、(b) については、1審判決が請求を棄却したのに対し、原判決

がXの請求を一部認容したため、Yが上告した。

II. 判　　旨

　本判決[(4)]は、原判決のうちY敗訴部分を破棄し、この部分につきXの控訴を棄却した。その理由は以下のとおりである。
1．（ⅰ）「地方公務員法は、一般職の地方公務員（以下「職員」という。）に本邦に在留する外国人（以下「在留外国人」という。）を任命することができるかどうかについて明文の規定を置いていないが（同法19条1項参照）、普通地方公共団体が、法による制限の下で、条例、人事委員会規則等の定めるところにより職員に在留外国人を任命することを禁止するものではない」。
　（ⅱ）「普通地方公共団体は、職員に採用した在留外国人について、国籍を理由として、給与、勤務時間その他の勤務条件につき差別的取扱いをしてはならないものとされており（労働基準法3条、112条、地方公務員法58条3項）、地方公務員法24条6項［現同条5項］に基づく給与に関する条例で定められる昇格（給料表の上位の職務の級への変更）等も上記の勤務条件に含まれるものというべきである。しかし、上記の定めは、普通地方公共団体が職員に採用した在留外国人の処遇につき合理的な理由に基づいて日本国民と異なる取扱いをすることまで許されないとするものではない。また、そのような取扱いは、合理的な理由に基づくものである限り、憲法14条1項に違反するものでもない」。
　（ⅲ）「管理職への昇任は、昇格等を伴うのが通例であるから、在留外国人を職員に採用するに当たって管理職への昇任を前提としない条件の下でのみ就任を認めることとする場合には、そのように取り扱うことにつき合理的な理由が存在することが必要である」。
2．（ⅰ）「地方公務員のうち、住民の権利義務を直接形成し、その範囲を確定するなどの公権力の行使に当たる行為を行い、若しくは普通地方公共団体の重要な施策に関する決定を行い、又はこれらに参画することを職務とするもの（以下「公権力行使等地方公務員」という。）については、次のように解するのが相当である。すなわち、公権力行使等地方公務員の職務の遂行は、住民の権利義

務や法的地位の内容を定め、あるいはこれらに事実上大きな影響を及ぼすなど、住民の生活に直接間接に重大なかかわりを有するものである。それゆえ、国民主権の原理に基づき、国及び普通地方公共団体による統治の在り方については日本国の統治者としての国民が最終的な責任を負うべきものであること（憲法１条、15条１項参照）に照らし、原則として日本の国籍を有する者が公権力行使等地方公務員に就任することが想定されているとみるべきであり、我が国以外の国家に帰属し、その国家との間でその国民としての権利義務を有する外国人が公権力行使等地方公務員に就任することは、本来我が国の法体系の想定するところではないものというべきである」。

（ⅱ）「普通地方公共団体が、公務員制度を構築するに当たって、公権力行使等地方公務員の職とこれに昇任するのに必要な職務経験を積むために経るべき職とを包含する一体的な管理職の任用制度を構築して人事の適正な運用を図ることも、その判断により行うことができるものというべきである。そうすると、普通地方公共団体が上記のような管理職の任用制度を構築した上で、日本国民である職員に限って管理職に昇任することができることとする措置を執ることは、合理的な理由に基づいて日本国民である職員と在留外国人である職員とを区別するものであり、上記の措置は、労働基準法３条にも、憲法14条１項にも違反するものではないと解するのが相当である。そして、この理は、……特別永住者についても異なるものではない」。

３．本件「当時、上告人においては、管理職に昇任した職員に終始特定の職種の職務内容だけを担当させるという任用管理を行っておらず、管理職に昇任すれば、いずれは公権力行使等地方公務員に就任することのあることが当然の前提とされていたということができるから、上告人は、公権力行使等地方公務員の職に当たる管理職のほか、これに関連する職を内包する一体的な管理職の任用制度を設けているということができる」。「そうすると、上告人において、上記の管理職の任用制度を適正に運営するために必要があると判断して、職員が管理職に昇任するための資格要件として当該職員が日本の国籍を有する職員であることを定めたとしても、合理的な理由に基づいて日本の国籍を有する職員と在留外国人である職員とを区別するものであり、上記の措置は、労働基準法３条にも、憲法14条１項にも違反するものではない。原審がいうように、上告

人の管理職のうちに、企画や専門分野の研究を行うなどの職務を行うにとどまり、公権力行使等地方公務員には当たらないものも若干存在していたとしても、上記判断を左右するものではない」。

なお、本判決には、藤田宙靖裁判官の補足意見、金谷利廣裁判官・上田豊三裁判官の意見、滝井繁男裁判官・泉德治裁判官の反対意見が付されている。

III. 研　　究

1．はじめに

　外国人の人権保障については、「権利の性質上日本国民のみを対象としていると解されるものを除き、わが国に在留する外国人に対しても等しく及ぶ」とする権利性質説が判例[5]・通説[6]であり、入国の自由、社会権と並んで参政権が外国人に保障されない人権の代表例とされてきた[7]。しかし、参政権の中核である選挙権につき、最高裁が一定範囲の在留外国人に地方公共団体レベルの選挙権を付与することを憲法は禁止しておらず立法政策の問題であると判示[8]するに至り（以下、「1995年判決」という）、広義の参政権に含まれるとされてきた公務就任権[9]の扱いが問われていた。

　本件は、日本国籍を有しない地方公務員の管理職選考受験資格の有無が主要な争点であるが、1審判決・原判決では、その判断の前提として外国人の公務就任権それ自体に関する判示もなされており、最高裁の判断が注目されていた。以下では、公務就任権に関する現行法制、行政解釈、学説状況を概観したうえで、本判決（多数意見）の主要な論点について若干の検討を行っていく。

2．公務就任権に関する現行法制・行政解釈・学説状況

　（1）　在留外国人の公務就任の可否について現行法の規定を見ると、公職選挙法10条が衆議院議員、参議院議員、都道府県議会議員、都道府県知事、市町村議会議員及び市町村長の被選挙権を有する者を「日本国民」に限り（なお、地方自治法19条参照）、憲法67条1項で内閣総理大臣が国会議員の中から国会の議決で指名されることとし、外務公務員法7条1項が国籍を有しない者又は外国

の国籍を有する者は外務公務員となることができないことを定めている。他方、特定の職種に限り明示的に外国人の任用を認める法律として、「公立の大学等における外国人教員の任用等に関する特別措置法」（2003（平成15）年法律第117号による改正前は「国立又は公立の大学における外国人教員の任用等に関する特別措置法」）、研究交流促進法4条（本法は2008（平成20）年廃止）がある。以上のように、在留外国人の公務就任を一般的に禁止する明文規定は憲法上、法律上存在しないのであるが、国家公務員法に基づく人事院規則8-18第9条1項3号は、日本国籍を有しない者は採用試験を受けることができないと規定し、国家公務員採用試験から外国人を排除している。また、地方公務員の場合にも、地方公共団体の人事委員会規則や試験実施要項、試験受験案内などにより日本国籍を有することが受験資格とされる場合が多いようである[10]。

（2）　次に、行政解釈では、前述の人事院規則8-18制定以前に、「公務員に関する当然の法理として、公権力の行使又は国家意思の形成への参画に携わる公務員となるためには、日本国籍を必要とする」との内閣法制局回答（1953（昭和28）年3月25日）が出されていた。これがいわゆる「公務員に関する当然の法理」と呼ばれるものであり、この法理は、「立法がなされていない場合の解釈原理」[11]、「一種の法規範」[12]であり、外国人を公権力又は国家意思の形成への参画に携わる公務員に任用するには特別の法律が必要であるが、それ以外の場合については、具体的な公務員の職が「公権力の行使」又は「国家意思の形成への参画」に該当するか否か任命権者が判断すべきものとしてきた[13]。

「当然の法理」は、地方公共団体にも妥当するものとされ、「国家意思」の部分を「地方公共団体の意思」に置き換えたうえで、将来そうした職に就くと予想される職員（一般事務職、一般技術職）の採用試験で日本国籍を有しない者に受験資格を認めることを「適当でない」とする自治省回答が示された（1973（昭和48）年5月28日）。他方、「当然の法理」の運用については、「国家意思」、「地方公共団体の意思」を「公の意思」と統合したうえで、地方公務員の任用にかかる職の職務内容を検討し当該地方公共団体で具体的に判断すべきとする衆議院に対する答弁書（いわゆる「大平答弁書」）も出されている（1979（昭和54）年4月13日）。看護婦・保健婦・助産婦（現在、看護師・保健師・助産師）の看護三職については、1986（昭和61）年に自治省により国籍要件撤廃が通知

され（同年6月24日）、本件の上告人（東京都）も同年、保健婦採用につき国籍要件を撤廃していた。

　これらの行政解釈に対し、地方公共団体の側では、職員採用要件から国籍要件を撤廃する動きが高まってきていた。都道府県・政令指定都市レベルでは、川崎市が1996（平成8）年度から消防職を除く全職種の採用要件から国籍要件を撤廃し、採用後は「公権力の行使」に当たると判断される業務に配属せず、決裁権のあるラインの課長級以上は「公の意思形成への参画」に当たるものとして昇任を認めないが、専門的なスタッフ職の局長級まで昇任できるものとし（いわゆる「川崎方式」）[14]、以後、高知県・神奈川県・横浜市・神戸市など一般事務職から国籍要件を撤廃するところが出てきている。しかしながら、これらの動きは、「当然の法理」それ自体を否定するものではない[15]。

（3）　本来ここで問題となるのは、公選による公務就任ではなくそれ以外の方法による公務就任であるが、学説は、従来、これらを必ずしも厳密に区分けすることなく、公務就任権を広義の参政権に位置づけ、国民主権原理を背景に、「外国人を全面的に排除することの合理性は別として、憲法上の権利として外国人に及ぶと解する必要はない」[16]としてきた[17]。しかし、公務就任権を「広義の参政権的権利と捉えても、権利の性質上、非管理的・機械的な公務を含めすべての公務に携わる権利（ないし資格）が外国人には認められない、という結論が当然出てくるわけではな」く、「ある種の限られた職に従事する権利（ないし資格）を一定の類型の外国人に認めても、参政権的権利の性格と矛盾することにはならない」との指摘[18]がなされ、また、「当然の法理」については、「公権力の行使」、「国家意思（地方公共団体の意思・公の意思）の形成への参画」という基準が「広汎かつ抽象的であるため、拡張解釈されるおそれが大きい」と批判し、「より限定的・具体的な基準」に従い、少なくとも定住外国人（特に特別永住者）には、外国人任用も可である「調査的・諮問的・教育的な職務」について「広く公務就任への道を拓くことを考慮する必要があろう」とする指摘[19]も行われてきた。こうした中で、「当然の法理」を批判しつつ、外国人の公務就任の可否を、違憲審査基準論を踏まえつつ職種に応じてより具体的に論ずる見解が示され[20]、さらに、一般の行政的公務員となる権利ないし資格は、参政権の問題ではなく職業選択の自由の問題として捉えるべきで、外国

人の公務就任と国民主権原理とは何ら関係ないとする見解[21]も主張されている。

3．公務就任権に関する一般的判断

（1）　原判決は、国民主権原理における国民は日本国籍保有者を意味し、憲法15条1項・同93条2項によって在留外国人に公務就任権が保障されているとはいえないとしつつ、「憲法のこれらの規定は、……我が国に在住する外国人について、公務員に選任され、就任することを禁止したものではないから、国民主権の原理に反しない限度において我が国に在住する外国人が公務員に就任することは憲法上禁止されていない」とし、国の公務員をその職務内容に即して、①「国の統治作用である立法、行政、司法の権限を直接に行使する公務員」、②「公権力を行使し、又は公の意思の形成に参画することによって間接的に国の統治作用に関わる公務員」、③「上司の命を受けて行う補佐的・補助的な事務又はもっぱら学術的・技術的な専門分野の事務に従事する公務員」に分け、①は日本国民であることを要し、法律によって外国人の就任を認めることも国民主権原理に反して許されないが、③は外国人が就任しても国民主権に反するおそれはほとんどなく、②については、その職務内容は広範多岐にわたり統治作用への関わりも強弱様々であるから、職務内容・権限と統治作用との関わり方・その程度を具体的に検討し、国民主権原理に照らして「外国人に就任を認めることが許されないもの」（②-1）と「外国人に就任を認めて差し支えないもの」（②-2）とを区別する必要があるとする。そして、②-2及び③への就任については、在留外国人に対して憲法22条1項、同14条1項の保障が及び、このことは地方公務員への就任についても原則的に妥当するとした。

原判決は、「公の意思の形成への参画」を制約基準とすることが、一定範囲の外国人に地方の長や議会の選挙権を付与すること（すなわち住民意思ないし地方公共団体の意思の形成への参画）が憲法上禁止されていないという1995年判決との関係から疑問であるという指摘[22]や、「〈外国人の職業選択の自由を国民主権の原理が掣肘する〉という構図で問題を捉えるのが適切であるかどうか」[23]など様々な批判・疑問に晒されながらも、一定の公務への就任を憲法22条1項、同14条1項に基礎づけ、「第1審判決よりも『当然の法理』を限定的に適用して外国人の公務就任の範囲を広げたもの」[24]と評価されてきた[25]。

（2） 本判決が公務就任一般について述べているのは、判旨1（ⅰ）のみである。これには、藤田補足意見が述べるように、「本件は、外国籍の者が新規に地方公務員として就任しようとするケースではなく、既に正規の職員として採用され勤務してきた外国人が管理職への昇任の機会を求めるケース」であって、公務就任一般に関する「問題の帰すうは、必ずしも、本件の解決に直接の影響を及ぼすものではない」との考慮があったものと思われる。ただ、「地方自治法は、……地方公共団体が、法による制限の下で、条例、人事委員会規則等の定めるところにより職員に在留外国人を任命することを禁止するものではない」が意味することについては、議論があり得るであろう。

まずここでは、外国人の公務就任一般を憲法上の権利とは位置づけていない。しかし、判旨2（ⅰ）で日本国籍を有する者が公権力行使等地方公務員に就任することが想定されているとする一方で、判旨1（ⅱ）及び（ⅲ）において職員に採用された外国人の昇任・昇格の取扱いについて論じ、判旨2（ⅱ）において「公権力行使等地方公務員の職とこれに昇任するのに必要な職務経験を積むために経るべき職とを包含する一体的な管理職の任用制度を構築して」「日本国民に限って管理職に昇任することができるとする措置を執ること」を合理的区別とし、さらに判旨3で、Yの管理職任用制度の下では管理職に昇任すれば公権力行使等地方公務員に就任することがあるとしているところからみて、少なくとも一般職の地方公務員の採用段階においては国籍による制限を必要とせず、各地方公共団体の判断に委ねられるとしている、と読むことができる。だとすれば、将来「公権力の行使」又は「地方公共団体の意思の形成に参画する」職に就くことが予想される職員の採用試験で日本国籍を有しない者に受験資格を認めるのは適当でないとした前述の自治省回答の立場は否定され、川崎市に代表される採用段階での国籍要件撤廃の動きは、本判決により法的に正当化されたといい得るだろう[26]。ただ、後述するように、公権力行使等地方公務員の外延が必ずしも明瞭でないだけに、いかなる業務がこれに該当することになるか依然として不鮮明な部分が多い。

次に、藤田補足意見は「我が国憲法上、そもそも外国人に（一定範囲での）公務就任権が保障されているか否か、という問題は、それ自体としては、なお重大な問題として残されている」とするが、実は、上記判示は在留外国人に公

務就任の権利がないことを前提としているのではないかということである。ここではあくまで「法による制限の下で、条例、人事委員会規則等の定めるところにより職員に任命すること」が許容されているのであって、「就任を認めないこと」が許容されているのではないからである。そうだとすると、地方公共団体が条例や人事委員会規則等によらず、試験実施要項、試験受験案内等で国籍要件を掲げることも（このような地方公共団体も相当数にのぼるとみられる）、権利制限を新たに課すのではなくそもそも法的権利がないことを単に確認するにすぎないのだから、何ら問題はないとみることもでき、この点でも、本判決は相当数の地方公共団体で行われている現実を法的に認めたといえるかもしれない。しかし、公務就任が権利でないとしても、「ことの性質上、公務員の資格要件は、公務員制度の中核あるいは必須事項」で、憲法73条4号が「公務員法制を法律事項または条例事項とする趣旨」との立場からは、法律・条例の根拠なしに公務就任に制約を課すことは「形式的な瑕疵」として同条項違反となるとの指摘[27]がなされることになる。

4．公権力行使等地方公務員と国民主権原理

（1）　採用後の管理職昇任の扱いについて、原判決は、「当然の法理」を踏まえ、「地方公務員の中でも、管理職は、地方公共団体の公権力を行使し、又は公の意思の形成に参画するなど地方公共団体の行う統治作用に関わる蓋然性の高い職であるから、地方公務員に採用された外国人は日本国籍を有する者と同様当然に管理職に任用される権利を保障されているとすることは、国民主権の原理に照らして問題がある」としつつ、「管理職の職務も広範多岐に及び、……公の意思の形成に参画するといっても、その関わり方及び程度は広狭・強弱様々なものがあり」、中には「専ら専門的・技術的な分野においてスタッフとしての職務に従事するにとどまるなど、公権力を行使することなく、また、公の意思の形成に参画する蓋然性が少なく、地方公共団体の行う統治作用に関わる程度の弱い管理職も存在する」ことを指摘し、これらを含む「すべての管理職について、国民主権の原理によって外国人をこれに任用することは一切禁じられていると解することは相当でなく、ここでも、職務の内容、権限と統治作用との関わり方及びその程度によって、外国人を任用することが許されない管理職と

それが許される管理職とを分別して考える必要がある」と述べて、当該法理による制約の範囲を限定的に解し、後者につき在留外国人を任用することは、国民主権原理に反せず、憲法22条1項、同14条1項の保障が及ぶものとした[28]。

（2）　本判決は、Xの管理職選考受験を認めないYの行為を判断する前提として、判旨2（ⅰ）において、「地方公務員のうち、住民の権利義務を直接形成し、その範囲を確定するなどの公権力の行使に当たる行為を行い、若しくは普通地方公共団体の重要な施策に関する決定を行い、又はこれらに参画することを職務とする」「公権力行使等地方公務員」という概念を設定し、これには原則として日本国籍保有者の就任が想定されているのであって、法体系は外国人の就任を本来想定していないとした。この「公権力行使等地方公務員」概念について、藤田補足意見は、「当然の法理」にいう「公権力の行使」・「地方公共団体の意思の形成」の外延があまりにも広すぎるのに対して、「周到な注意を払った上で定義されたもの」としており、「権利義務を直接形成し、その範囲を確定する」という「決定権限」の所在を重視してその明確化を図っており、「当然の法理」が有していた不明確性も是正されるとして、積極的にこれを評価する見解もみられる[29]。

しかし、「公権力行使等地方公務員」概念が「当然の法理」のもつ不明確性を是正しているとは到底いえないであろう。「この定義も、それぞれにつき簡単な例示を示したにすぎず、外延の広汎かつ漠然とした点にさほどの改善がみられるとも思えない」[30]からである。しかも、原判決の公務員分類②と「公権力行使等地方公務員」とが重なるとしても、原判決は②の中にも在留外国人の就任について憲法22条1項、同14条1項の保障が及ぶものがあるとしているのであるから、外国人の就任が想定されない範囲は、「公権力行使等地方公務員」の方が広範囲に及ぶことになる。

（3）　判旨2（ⅰ）において、日本国籍保有者が「公権力行使等地方公務員」に就任することが想定されているとする根拠は、「国民主権の原理に基づき、国及び普通地方公共団体による統治の在り方については日本国の統治者としての国民が最終的な責任を負うべきものであること（憲法1条、15条1項参照）」に求められている。

国民主権原理は、1審判決や原判決においても外国人の公務就任権の制約を

論ずる根拠ないし対抗原理として挙げられてきた。しかし、判旨2（ⅰ）についていえば、「国民主権の原理」と「日本国の統治者としての国民が最終的な責任を負う」ということとがかみ合っていないと批判される。国民主権という場合の「主権」は国政の最高決定権を意味するとするのが一般的理解であるにもかかわらず、ここでは統治権の行使が国民「主権」であるかのように捉えられているからである。また、「代表民主制を採る現行憲法の下では、主権者と統治担当者の分離は、当然の前提」であるというのである(31)。

　外国人の公務就任が国民の場合と異なるものとして議論されてきた背景には、「公務就任権を参政権の一種として把握し、これを外国人に認めることは国民主権原理に反するとする前提」(32)があったが、最近では、国民主権原理にいう「国民」は国籍保有者に限られるわけではないとする見解も有力に主張されるようになっている(33)。しかしそれ以上に、少なくとも非公選の一般職公務員への就任と国民主権原理とは関係がないのではないかとの疑問が生ずる。比較法的にみても国民主権原理と公務員（地方公務員管理職を含めて）の国籍要件は直結しないこと、天皇主権の明治憲法下でも「官吏」の国籍要件が「当然の事理」とされていたことからすれば、公務員の国籍要件要請は国民主権原理そのものにあるのではなく、むしろナショナリズムに起因していることなどがすでに指摘されている(34)。「一般の行政的公務員は、国民主権原理に基づいて構成された政治部門が決定した政策を忠実に実行することを職務とするものであって、それ自体として直接『政治』に参画するものではな」く、政治的公務員の職（自国の主権保持・独立性確保の観点から広げたとしても、外交官、自衛官、裁判官といったところまで）を除けば、「外国人の公務就任と国民主権原理とは、なんの関係もない問題」(35)とも、「専ら政治的指導・決断に関わる執政（Regierung）の領域においてこそ、〈国民による統治〉が被治者の服従根拠として要求されるにしても、狭義の行政（Verwaltung）については、執行機関としての遂行能力の高さに重点が置かれる（それ故に能力主義による政治的に中立な官僚制が採用され得る）」(36)とも指摘される。滝井裁判官が機関責任者・行政庁と補助機関とを区別し、補助機関は「長の指揮監督の下でその職務を行うものであって（同法［地方自治法］154条）、その職務を遂行するに当たって法令、条例、地方公共団体の規則及び地方公共団体の機関の定める規程に従い、

かつ、上司の職務上の命令に忠実に従わなければならないものである（地方公務員法32条）」から、「その関与する仕事が重要なものであっても、主権の行使との関係でみる限りは、補助機関の地位は長のそれとは質的に異なるもの」であり、「その職務の住民生活へのかかわり方に重要性があるからといって、補助機関への就任について、長への就任と同じく日本国籍を要求することを国民主権の原理から当然に法体系が想定しているとまでいうことはできない」とするのも、上述の指摘と繋がるものであろう。

判旨２（ⅰ）においては、「公権力行使等地方公務員」への外国人就任を制約する究極的根拠としての国民主権原理の意味そのものについての判断は何ら示されていない。国民主権原理の意味、これと公務就任権との関係は、依然として残された問題といわなければならない。

（４）　判旨２（ⅰ）において、外国人の「公権力行使等地方公務員」への就任が「本来我が国の法体系が想定するところではない」とする実質的理由は、外国人が「我が国以外の国家に帰属し、その国家との間でその国民としての権利義務を有する」ということに求められている。これは、「当然の法理」形成に連なるものとみられる法務調査意見長官回答（1948（昭和23）年８月17日）で、「官吏」への就任が自国民に限られる理由として、(ｱ)国家による信頼の必要性、(ｲ)国家への忠誠・無定量の義務、(ｳ)外国人を就任させた場合の当該国家の対人主権侵害の可能性、(ｴ)民族風俗に通暁する必要性を述べていたことと、発想において共通するように思われる。

この回答については、そこに示された明治憲法的公務員観が現行憲法下の公務員観と相容れないものとして夙に批判されてきたが[37]、判旨２（ⅰ）のいうところに限定してみても、到底説得力を持つものではない。例えば、仮に外国人が日本の公務員に就任したことにより自国の国籍や選挙権を喪失するようなことがあったとしても、それは当人が自ら選択した結果であって外国人を排除する理由にはなりえないだろうし、秘密漏洩の危険性などは外国人に限られる問題ではなく日本国籍保有者についてもあり得ることで、公務員法や刑法により処理されるべき事柄であろう。「その国家との間でその国民としての……義務を有する」ことについていえば、現行憲法下の公務員に求められるのは憲法への忠誠（憲法尊重擁護義務（憲法99条））であって、上記回答(ｲ)のような国

家への忠誠・無定量の義務といったものではありえないはずだからである[38]。
（5）　なお、判旨2（ⅰ）では、外国人の「公権力行使等地方公務員」への就任を法体系は想定していないとしつつ、「原則として」日本国籍保有者が「公権力行使等地方公務員」に就任することが想定されているとしているのであるから、外国人がこれに就任することを一切禁止しているわけではないと解される。この「原則」に対する例外が特別の法律によって認められるものだとすれば、「当然の法理」における扱いと同様ということであり、ここでも現実を追認したということができよう。

5．一体的管理職任用制度の合理性

（1）　原判決は、管理職の中に、東京都事案決定規程により事案決定権限を有する職のほか、直接に事案決定権限を有しないが事案決定過程に関与する職、計画の企画・専門分野の研究等スタッフとしての職務を行い、事案決定権限を有せず事案決定過程に関わる蓋然性の少ない管理職も存在し、事案決定過程に関与する職についても関わり方・関与の程度は様々で、課長級の管理職の中にも外国籍職員に昇任を許しても差し支えないものが存在するとして、「外国籍の職員から管理職選考の受験機会を奪うことは、外国籍の職員の課長級の管理職への昇任の途を閉ざすもの」であって、憲法22条1項、14条1項に違反する違法な措置であると判示していた。

（2）　本判決は、判旨1（ⅱ）において、外国人が公務員として採用された後の勤務条件について労働基準法3条の適用があり、勤務条件には地方公務員法24条5項に基づく給与に関する条例で定められる昇格等も含まれることを明らかにし、日本国民と異なる処遇を行うについては、合理的理由が必要であるとした。判旨1（ⅲ）にいうように、管理職への昇任には昇格等を伴うのが通例であるから、憲法14条1項に基礎づけられ国籍による差別を禁じた労働基準法3条の適用を肯定したことは重要である。1審判決では、労働基準法3条が「憲法14条の法の下の平等に基づくものであるところ、……外国人が公権力の行使あるいは公の意思の形成に参画する職務に従事することは、憲法上許容されていないか、又は、その保障は及ばないのであるから、その限りで同条の適用はない」として、一定の職については労働基準法3条の適用そのものが斥けられ

ていたからである。
　(3)　本判決は、上述のような前提に立ち、判旨1 (ⅲ) で、管理職への昇任を認めない条件の下でのみ外国人職員を採用する場合には合理的な理由が必要であるとし、判旨2 (ⅰ) で、日本国籍保有者の就任が想定され外国人の就任は想定されないとする「公権力行使等地方公務員」なる概念を提示し、判旨2 (ⅱ) において、地方公共団体は「公権力行使等地方公務員の職とこれに昇任するのに必要な職務経験を積むために経るべき職とを包含する一体的な管理職の任用制度を構築」でき、そのような一体的管理職任用制度の下で日本国民に限って管理職に昇任できるとする措置を執ることは合理的理由に基づく区別であり、憲法14条1項、労働基準法3条に違反しないとした。そして、判旨3において、Yは一体的管理職任用制度を設けていたのであるから、その適正運営のために管理職昇任の資格要件として日本国籍保有を定めたとしても合理的理由に基づく区別であって、違憲・違法はないと判示した。
　この判断については、公権力行使等地方公務員の職に「昇任するのに必要な職務経験を積むために経るべき職」(判旨2 (ⅱ))、公権力行使等地方公務員の職に「関連する職」(判旨3) が何を指すか不明確であるとの批判[39]があるが、それ以上に問題なのは、現に行われている管理職任用制度を前提に、それが一体的管理職任用制度であるから国籍要件を定めることができるとして、いとも簡単に合理性[40]を認めていることである。
　確かに、一体的管理職任用制度を設けることそれ自体は地方公共団体の裁量により可能だとしても、それはあり得る任用制度の一つにすぎない。仮に公権力行使等地方公務員への外国人の就任が認められなくとも、それ以外の管理職への就任、そのための管理職選考試験受験機会付与との関係では、採用後の勤務条件について適用がある労働基準法3条とその基礎にある憲法14条1項による平等処遇の要請により、当該制度の修正・補正が求められるなど制度構築に関する裁量権に一定の制約が課される、とみるべきではなかろうか。「一体的管理職論は、管理職選考を一律に制約することになるのであるから、その一体化が真にやむを得ないものであるか否かにより慎重な判断があってしかるべきであった」[41]、「まさに制度そのものが過度に広汎に外国人の就任機会を制限しているという瑕疵を帯びている」[42]などの批判がなされるのも、上述したところ

と軌を一にするものであろう。
　（4）　ところで、ここでは、外国人を排除する一体的管理職任用制度が憲法14条1項、労働基準法3条に違反しないとし、現にYにより行われている制度を追認した。他方、Yの制度も地方公共団体の裁量により構築しうる制度の一つにすぎないから、それ以外の管理職制度の採用が否定されるわけではなく、公権力行使等地方公務員の職を除き外国人の管理職任用を認める制度（例えば、先の川崎方式）を採ることも許容されているといえる[43]。だとすれば、本判決は、管理職任用制度についても、各地方公共団体に存在する様々なあり方をそのまま肯定したものであるといえよう。

6．定住外国人[44]（特に特別永住者）に対する考慮
　（1）　判旨2（ⅱ）では、一体的管理職任用制度の下で日本国籍保有者に限り管理職に昇任できるとする措置をとることが合理的理由に基づく区別であり、それが労働基準法3条にも憲法14条1項にも違反しないことは「特別永住者についても異なるものではない」として、特別永住者であることの考慮の必要性を完全に否定した。この点は、国籍条項が特別永住者に対し国籍のみにより昇任の途を閉ざす過酷な意味をもたらしていることを指摘する滝井反対意見、特別永住者であるXに対するYの措置を「厳格な合理性の基準」により審査した泉反対意見、また、1995年判決の地方自治に関する判示に依拠しつつこれを一歩進めて、「我が国に在住する外国人、特に特別永住者等の地方公務員就任については、国の公務員への就任の場合と較べて、おのずからその就任し得る職務の種類は広く、その機会は多くなる」としていた原判決と対照的である。
　（2）　判旨2（ⅱ）は、「特別永住者についても異なるものではない」理由を全く説明していない。この点につき、藤田補足意見は、入管特例法の定める特別永住者制度は、現行出入国管理制度の例外を設け、一定範囲の外国籍の者に入管法に定める在留資格を持たずに在留できる地位を付与する制度であるにとどまり、就労可能性についても、上記の結果、法定の各在留資格に伴う制限が及ばないこととなるにすぎず、法律上、特別永住者に他の外国籍の者と異なる日本人に準じた特別な法的資格が与えられているわけではなく、また、現行法上、許可制等が採られる事業・職業につき日本国籍保有が許可等の資格要件と

される場合があるが、それらの規定で、特別永住者を他の外国人と区別し日本国民と同様に扱うこととしたものはないことなどを指摘する。しかし、法律上の規定としてはそのとおりであるとしても、むしろ問題とされるべきは、在留外国人の中にも様々な在留形態があるにもかかわらず、それらを考慮することなく一律に扱うことの憲法適合性であろう。

「外国人の公務就任問題は、多く、外国人一般の問題ではなく、『定住外国人』に関わる問題である」[45]といわれ、「歴史的現実として公務員の任用に関わってきたのは外国人一般ではなく、戦後、日本への定住を余儀なくされている在日韓国・朝鮮人である」[46]との指摘もなされてきた。憲法学の通説は、外国人の人権保障を検討するにあたっては「少なくとも、①定住外国人、②難民、③一般外国人の三種に区別して、保障される権利・自由の範囲と程度を具体的に考えることが要請される」[47]としてきており、どのような結論になるにしても、そこに至る論理過程を明らかにする必要があったと思われる。このような立場からみると、何ら理由を明示することなく「特別永住者についても異なるものではない」の一言で片づけてしまった本判決は、考慮すべきを考慮しない不充分な判決との批判を免れないのではなかろうか。

7. まとめ

以上を踏まえて総括すれば、本判決は、在留外国人の地方公務員就任につき、その採用段階のみならず昇任機会の付与についても、具体的判断をそれぞれの地方公共団体の裁量に委ね、各地方公共団体で現に行われているところをほぼそのまま許容した現状肯定的判決といえよう。他方、外国人の公務就任権そのものの憲法上の位置づけについては何ら判断が示されておらず、「当然の法理」の修正版ともいうべき「公権力行使等地方公務員」の概念やこれと関連する国民主権原理の意義、定住外国人（特に特別永住者）に対する考慮などとともに、本質的問題はそのまま残されてしまったといわなければならないだろう。

〈注〉
(1) 「保健婦助産婦看護婦法の一部を改正する法律」（2001（平成13）年法律第153号）により、「保健婦」は「保健師」に改められている。

(2) 1審判決の判例評釈として、相澤直子・法政研究64巻2号（1997年）159頁、石川健治・判例セレクト '96（法学教室198号別冊、1997年）15頁、加藤美枝子・平成8年度主要民事判例解説（1997年）372頁、河合裕行・行政判例研究会編『平成8年行政関係判例解説』（ぎょうせい、1998年）91頁、高橋正俊・平成8年度重要判例解説（1997年）11頁などがある。そのほか、1審判決を論評するものとして、上村貞美「外国人と公務員」香川法学17巻1号（1997年）1頁、岡崎勝彦「外国人の公務就任権」ジュリスト1101号（1996年）35頁、田中清定「外国人の公務就任権について」関東学園大学法学紀要7巻2号（1997年）1頁、樋口陽一「日本の人権保障の到達点と今後の課題」田村武夫他編『憲法の二十一世紀的展開』（明石書店、1997年）15頁などがある。
(3) 原判決の判例評釈として、相澤直子・法政研究65巻3-4号（1999年）267頁、石川健治・判例セレクト '97（法学教室210号別冊、1998年）5頁、宇賀克也・平成10年度主要民事判例解説（1999年）314頁、近藤敦・憲法判例百選Ⅰ［第4版］（2000年）14頁、館田晶子・北大法学論集 50巻1号（1999年）165頁、内藤裕之・行政判例研究会編『平成9年行政関係判例解説』（ぎょうせい、1999年）99頁、西浦公・平成9年度重要判例解説（1998年）8頁、橋本勇・判例地方自治177号（1998年）96頁、晴山一穂・労働法律旬報1442号（1998年）26頁などがある。そのほか、原判決を論評するものとして、岡崎勝彦「外国人の地方公務員任用判例の動向」島大法学42巻4号（1999年）65頁、近藤敦『外国人の人権と市民権』（明石書店、2001年）193頁以下などがある。
(4) 本判決を取り上げたものとして、長谷部恭男「外国人の公務就任権」法学教室295号（2005年）79頁、渋谷秀樹「定住外国人の公務就任・昇任をめぐる憲法問題」ジュリスト1288号（2005年）2頁、中西又三「東京都職員管理職選考受験資格確認等請求事件上告審判決の意義と問題点」ジュリスト1288号（2005年）16頁、高世三郎「東京都管理職試験最高裁大法廷判決の解説と全文」ジュリスト1288号（2005年）26頁、近藤敦「諸外国における公務員の就任権」法律時報77巻5号（2005年）68頁、山内敏弘「外国人の公務就任権と国民主権概念の濫用」法律時報77巻5号（2005年）72頁、岡崎勝彦「自治体における外国人の公務就任権」法律時報77巻5号（2005年）78頁、田中宏「最高裁判決はどう位置づけられるか」法律時報77巻5号（2005年）86頁、Ｔ「外国人登用、自治体に広い裁量」法学セミナー604号（2005年）152頁、松田浩「地方公共団体の管理職選考における国籍要件の合憲性」法学セミナー606号（2005年）116頁、猪野積「公務員任用と国籍（上）（下）」自治研究81巻4号（2005年）52頁、同81巻5号（2005年）73頁などがある。
(5) 最大判昭和53年10月4日民集32巻7号1223頁。
(6) 芦部信喜（高橋和之補訂）『憲法［第3版］』（岩波書店、2002年）89頁。
(7) 芦部・前掲書注（6）90頁。
(8) 最三小判平成7年2月28日民集49巻2号639頁。なお、外国人の選挙権・被選挙権をめぐる学説・判例については、差し当たり、大竹昭裕「外国人の参政権（1）〜

(3・完)」研究紀要(青森大学・青森短期大学学術研究会) 18巻2号 (1995年) 31頁、同18巻4号 (1996年) 35頁、同19巻2号 (1996年) 163頁参照。

(9) 芦部・前掲書注 (6) 237頁。但し、公務就任権の根拠については、憲法15条1項に求める説、同14条1項の「政治的……関係において、差別されない」に含まれるとする説、同22条1項の職業選択の自由に属するとする説、同13条の幸福追求権にあるとする説などがある(芦部・前掲書注 (6) 238頁)。なお、「公務就任権」は、「公務員となる権利(権利というよりも、資格ないし能力である)」と説明されたり(芦部・前掲書注 (6) 237頁)、「国若しくは公共団体の職又は地位に就く権利のこと」(岡崎・前掲論文注 (2) 35頁)とされたりするが、ここでは公務員となる「機会が保障される」という意味でこの用語を用いる。なお、渋谷・前掲論文注 (4) 4頁参照。

(10) 岡崎・前掲論文注 (2) 36頁、岡崎勝彦『外国人の公務員就任権』(地方自治総合研究所、1998年) 113頁以下、高世・前掲論文注 (4) 27-28頁参照。

(11) 君嶋護男「日本国籍を有しない者の公務員への就官能力」前田正道編『法制意見百選』(ぎょうせい、1986年) 370頁。

(12) 梶田信一郎「外国人の地方公務員への採用」内閣法制局内行政法実務研究会編『ケーススタディ行政法実務』(ぎょうせい、1993年) 256頁、行政法制研究会「当然の法理」判例時報1341号 (2000年) 17頁。

(13) 君嶋・前掲論文注 (11) 370-371頁、梶田・前掲論文注 (12) 256-258頁、行政法制研究会・前掲論文注 (12) 17頁。

(14) 川崎市の対応につき、中西又三「公務員と国籍」法学教室192号 (1996年) 39頁参照。

(15) 「当然の法理」の形成・展開と地方公共団体側の対応については、岡崎・前掲書注 (10) 9頁以下に詳しい。なお、岡崎勝彦「地方公務員任用と国籍条項」島大法学45巻4号 (2002年) 1頁以下参照。

(16) 伊藤正己『憲法[第3版]』(弘文堂、1995年) 197頁。

(17) なお、国家公務員法2条7項の「個人的基礎においてなされる勤務の契約」に関する規定を根拠に、「一般国家公務員への外国人就任資格を、禁止したもの」と解する見解があるが(和田英夫「基本的人権と身分」清宮四郎・佐藤功編『憲法講座2』(有斐閣、1963年) 58頁)、少数説であり、解釈として妥当性を欠くとされる(横田耕一「人権の享有主体」芦部信喜他編『演習憲法』(青林書院、1984年) 141頁)。

(18) 芦部信喜『憲法学Ⅱ人権総論』(有斐閣、1994年) 133-134頁。

(19) 芦部・前掲書注 (18) 134頁。なお、田中二郎『新版行政法中巻[全訂第2版]』(弘文堂、1976年) 247頁参照。

(20) 大沼保昭「『外国人の人権』論再構成の試み」『法学協会百周年記念論文集第2巻』(有斐閣、1983年) 406頁。そのほか、岡崎・前掲書注 (10) 6頁・88-89頁、同・前掲論文注 (3) 111-112頁など参照。

(21) 浦部法穂「外国人の公務就任と国籍条項」都市問題84巻11号 (1993年) 6-7頁。

そのほか、公務就任を職業選択の自由の問題と把握するものとして、上村・前掲論文注（2）13頁、阪本昌成『憲法理論Ⅱ』（成文堂、1993年）197頁、初宿正典『憲法2 基本権［第2版］』（成文堂、2001年）81・310頁など。なお、山内・前掲論文注（4）77頁の注（2）は、公務就任権を「職業選択の自由の一種として構成するのが多数説であるといってよい」とする。
(22) 近藤・前掲書注（3）194-195・216・225頁。但し、非公選の一般職の公務員は法令による拘束の下で政治的に決定されたところを忠実に実行するのであって、自ら政治的意思決定を行うものではないとの見方からすれば、非公選の一般職公務員への就任と「公の意思の形成への参画」とはそもそも無関係と見るべきであって、「公の意思の形成」に直結する地方選挙権を一定の外国人に付与することが憲法上禁止されていないとする判例を拠り所に、「公の意思の形成への参画」が地方公務員就任の制約基準となりえないと論ずること自体不適切だともいい得る。
(23) 石川・前掲論文注（3）5頁。
(24) 西浦・前掲論文注（3）9頁。
(25) 1審判決と原判決との対比、及び地方選挙権に関する1995年判決との関連性については、岡崎・前掲論文注（3）82-106頁参照。
(26) 同旨、中西・前掲論文注（4）18-19頁、岡崎・前掲論文注（4）84頁。
(27) 渋谷・前掲論文注（4）9-10頁。同論文は、公務就任権が職業選択の自由と位置づけられれば、外国人排除は憲法上の権利制限問題となり、その制約は法律又は条例による必要があるから、それがない場合はそれだけで違憲となる。法律・条例の委任による命令・規則も、それが白紙委任と評価されるものであれば違憲となると指摘する（11頁）。なお、他に公務就任権制約の法形式を問題とするものとして、例えば、浜川清「外国人の公務就任権」成田頼明編『行政法の争点［新版］』（有斐閣、1990年）143頁など。
(28) 原判決は、1審判決よりも「当然の法理」を限定的に適用して、管理職への外国人就任範囲を広げたものと評価されるが（西浦・前掲論文注（3）9頁）、原判決がすでに地方公務員として採用されている者の管理職任用機会の保障を憲法22条1項の職業選択の自由に結びつけることには、疑問がある。公務就任権そのものは職業選択の自由に根拠づけるとしても、すでに職業としての公務員に就任している者の昇任機会の保障は平等原則との関連で論ずれば充分なように思われる。
(29) 中西・前掲論文注（4）20-21頁。なお、猪野・前掲論文注（4）「（上）」59頁参照。
(30) 渋谷・前掲論文注（4）12頁。なお、猪野・前掲論文注（4）「（下）」74頁以下は、本判決のいう公権力行使等地方公務員の範囲について検討している。
(31) 渋谷・前掲論文注（4）6頁。
(32) 後藤光男「外国人の公務就任権」浦田賢治編『立憲主義・民主主義・平和主義』（三省堂、2001年）483頁。
(33) 浦部・前掲論文注（21）7-9頁、浦部法穂「『外国人の参政権』再論」憲法理論

研究会編『人権理論の新展開』(敬文堂、1994年) 47頁、奥平康弘『憲法Ⅲ 憲法が保障する権利』(有斐閣、1993年) 55-56頁など。なお、このような見解に依拠する浦部・奥平両教授による外国人の選挙権・被選挙権論については、大竹・前掲論文注(8)「(1)」42-49頁、「(2)」39-47頁参照。

(34) 近藤・前掲書注(3) 194頁以下(なお、比較法的考察については、157-191頁も参照)。
(35) 浦部・前掲論文注(21) 6-7頁。
(36) 石川・前掲論文注(3) 5頁。
(37) 例えば、浦部・前掲論文注(21) 4-5頁。
(38) 渋谷・前掲論文注(4) 8-9頁参照。
(39) 中西・前掲論文注(4) 23頁。
(40) 長谷部・前掲論文注(4) 82頁は、ここでの違憲審査基準は合理性の基準が採られているとみる(同旨、岡崎・前掲論文注(4) 84頁)。これに対し渋谷・前掲論文注(4) 13頁は、「判旨は、国民主権の原理が合理的な理由であるとしているにすぎず、審査基準論によるアプローチはなさなかった」、「本件では、憲法上の実体的な権利制約が問題となるとしていないので、このようなアプローチは不要とした」とする。なお、本判決に付された反対意見は、Yの措置を審査するにつきより厳格な態度をとっている。滝井反対意見は「厳格な合理性の基準」を採用するもののようにも思われるが、目的については「正当性」の要求にとどまるのに対し(長谷部・前掲論文注(4) 85頁)、泉反対意見はより明確に「厳格な合理性の基準」に基づく判断を下している。
(41) 中西・前掲論文注(4) 23頁。
(42) 渋谷・前掲論文注(4) 12頁。
(43) 同旨、中西・前掲論文注(4) 23頁。
(44) 「定住外国人」という言葉は法令上の用語ではなく、「日本社会に生活の基盤があって、社会的生活関係が日本人と実質的に差異のない、日本国籍をもたない外国人」(徐龍達「総論:『共生社会』のための地方参政権」徐龍達編『共生社会への地方参政権』(日本評論社、1995年) 19頁)、「日本社会に生活の本拠をもち、その生活実態において自己の国籍国を含む他のいかなる国にもまして日本と深く結びついており、その点では日本に居住する日本国民と同等の立場にあるが、日本国籍を有しない者」(大沼・前掲論文注(20) 384頁)など様々な定義が下される。また、特別永住者はここに当然含まれるとしても、どの範囲の外国人までを「定住外国人」とみるかは論者により多様である。
(45) 後藤・前掲論文注(32) 478頁。
(46) 岡崎・前掲書注(10) 10頁。
(47) 芦部・前掲書注(18) 130頁。

第3章　再婚禁止期間規定の合憲性

最高裁平成27年12月16日大法廷判決、平成25年（オ）1079号、
損害賠償請求事件、民集69巻8号2427頁、判時2284号20頁、
判タ1421号61頁

I．事実の概要

　2016（平成28）年改正前の民法733条1項は、「女は、前婚の解消又は取消の日から6箇月を経過した後でなければ、再婚をすることができない」と規定して、女性について6箇月の再婚禁止期間を設けていた（以下、「再婚禁止期間規定」、「本件規定」ともいう）。X（原告・控訴人・上告人）は、2008（平成20）年3月に前夫と離婚し、同年10月に後夫と再婚したが、同再婚は、本件規定があるため望んだ時期から遅れて成立したものであった。Xは、これにより精神的損害を被ったとして、本件規定が憲法14条1項及び24条2項に違反するにもかかわらず本件規定を改廃する立法措置をとらない立法不作為（以下、「本件立法不作為」ともいう）の違法を理由に、国に対し国家賠償法1条1項に基づき損害賠償を求めた。第1審判決（岡山地判平成24年10月18日判時2181号124頁）、控訴審判決（広島高岡山支判平成25年4月26日、判例集未登載）ともに請求を棄却すべきものとしたため、Xは上告に及んだ。
　最高裁大法廷は、本件規定のうち100日の再婚禁止期間を設ける部分は憲法14条1項及び24条2項に違反しないが、100日を超えて再婚禁止期間を設ける部分は2008（平成20）年当時において憲法14条1項及び24条2項に違反するに至っていたとして違憲判断を示すとともに、立法不作為が国賠法1条1項の適用上違法の評価を受ける場合についての判断枠組みを提示した上で、本件立法不作為は同規定の適用上違法の評価を受けるものではないと判示して上告を棄却した[1]。本章では本件規定の憲法適合性に関する判断に絞って見ていく。

II. 判　　旨

1. 判断枠組み
　（ⅰ）「憲法14条1項は、……事柄の性質に応じた合理的な根拠に基づくものでない限り、法的な差別的取扱いを禁止する趣旨」と解され、「本件規定は、女性についてのみ前婚の解消又は取消しの日から6箇月の再婚禁止期間を定めており、これによって、再婚をする際の要件に関し男性と女性とを区別しているから、このような区別をすることが事柄の性質に応じた合理的な根拠に基づくものと認められない場合には、本件規定は憲法14条1項に違反することになると解するのが相当である」。
　（ⅱ）「憲法24条2項は、……婚姻及び家族に関する事項について、具体的な制度の構築を第一次的には国会の合理的な立法裁量に委ねるとともに、その立法に当たっては、個人の尊厳と両性の本質的平等に立脚すべきであるとする要請、指針を示すことによって、その裁量の限界を画したものといえる。また、同条1項は、……婚姻をするかどうか、いつ誰と婚姻をするかについては、当事者間の自由かつ平等な意思決定に委ねられるべきであるという趣旨を明らかにしたものと解される。婚姻は、これにより、配偶者の相続権（民法890条）や夫婦間の子が嫡出子となること（同法772条1項等）などの重要な法律上の効果が与えられるものとされているほか、近年家族等に関する国民の意識の多様化が指摘されつつも、国民の中にはなお法律婚を尊重する意識が幅広く浸透していると考えられることをも併せ考慮すると、上記のような婚姻をするについての自由は、憲法24条1項の規定の趣旨に照らし、十分尊重に値するものと解することができる」。「そうすると、婚姻制度に関わる立法として、婚姻に対する直接的な制約を課すことが内容となっている本件規定については、その合理的な根拠の有無について以上のような事柄の性質を十分考慮に入れた上で検討をすることが必要である」。
　（ⅲ）「本件においては、上記の考え方に基づき、本件規定が再婚をする際の要件に関し男女の区別をしていることにつき、そのような区別をすることの立法目的に合理的な根拠があり、かつ、その区別の具体的内容が上記の立法目的

との関連において合理性を有するものであるかどうかという観点から憲法適合性の審査を行うのが相当である」。
2．本件規定の立法目的
　（ⅰ）本件規定の「立法の経緯及び嫡出親子関係等に関する民法の規定中における本件規定の位置付けからすると、本件規定の立法目的は、女性の再婚後に生まれた子につき父性の推定の重複を回避し、もって父子関係をめぐる紛争の発生を未然に防ぐことにあると解するのが相当であり……、父子関係が早期に明確となることの重要性に鑑みると、このような立法目的には合理性を認めることができる」。
　（ⅱ）「父子関係の確定を科学的な判定に委ねることとする場合には、父性の推定が重複する期間内に生まれた子は、一定の裁判手続等を経るまで法律上の父が未定の子として取り扱わざるを得ず、その手続を経なければ法律上の父を確定できない状態に置かれることになる。生まれてくる子にとって、法律上の父を確定できない状態が一定期間継続することにより種々の影響が生じ得ることを考慮すれば、子の利益の観点から、……法律上の父を確定するための裁判手続等を経るまでもなく、そもそも父性の推定が重複することを回避するための制度を維持することに合理性が認められる」。
3．区別の具体的内容と立法目的との合理的関連性
　（ⅰ）民法772条の規定から、「女性の再婚後に生まれる子については、計算上100日の再婚禁止期間を設けることによって、父性の推定の重複が回避される」。「嫡出子について出産の時期を起点とする明確で画一的な基準から父性を推定し、父子関係を早期に定めて子の身分関係の法的安定を図る仕組みが設けられた趣旨に鑑みれば、父性の推定の重複を避けるため上記の100日について一律に女性の再婚を制約することは、婚姻及び家族に関する事項について国会に認められる合理的な立法裁量の範囲を超えるものではなく、上記立法目的との関連において合理性を有する」。「本件規定のうち100日の再婚禁止期間を設ける部分は、憲法14条１項にも，憲法24条２項にも違反するものではない」。
　（ⅱ）「これに対し、本件規定のうち100日超過部分については、民法772条の定める父性の推定の重複を回避するために必要な期間ということはできない」。本件規定が旧民法から現行民法に引き継がれた後においても、再婚禁止期間を

6箇月としたことは、国会の合理的な立法裁量の範囲を超えるものであったとは言えない。しかし、「医療や科学技術が発達した今日においては、……再婚禁止期間を厳密に父性の推定が重複することを回避するための期間に限定せず、一定の期間の幅を設けることを正当化することは困難になった」。「社会状況及び経済状況の変化に伴い婚姻及び家族の実態が変化し、特に平成期に入った後においては、晩婚化が進む一方で、離婚件数及び再婚件数が増加するなど、再婚をすることについての制約をできる限り少なくするという要請が高まっている事情も認めることができる」。「かつては再婚禁止期間を定めていた諸外国が徐々にこれを廃止する立法をする傾向にあり、……世界的には再婚禁止期間を設けない国が多くなっていることも公知の事実で……、再婚をすることについての制約をできる限り少なくするという要請が高まっていることを示す事情の一つとなり得る」。そして、「婚姻をするについての自由が憲法24条1項の規定の趣旨に照らし十分尊重されるべきものであることや妻が婚姻前から懐胎していた子を産むことは再婚の場合に限られないことをも考慮すれば、再婚の場合に限って、前夫の子が生まれる可能性をできるだけ少なくして家庭の不和を避けるという観点や、婚姻後に生まれる子の父子関係が争われる事態を減らすことによって、父性の判定を誤り血統に混乱が生ずることを避けるという観点から、厳密に父性の推定が重複することを回避するための期間を超えて婚姻を禁止する期間を設けることを正当化することは困難である。……本件規定のうち100日超過部分は合理性を欠いた過剰な制約を課すものとなっている」。「本件規定のうち100日超過部分は、遅くとも上告人が前婚を解消した日から100日を経過した時点までには、婚姻及び家族に関する事項について国会に認められる合理的な立法裁量の範囲を超えるものとして、その立法目的との関連において合理性を欠くものになっていた」。同部分が「憲法24条2項にいう両性の本質的平等に立脚したものでなくなっていたことも明らかであり、上記当時において、同部分は、憲法14条1項に違反するとともに、憲法24条2項にも違反するに至っていたというべきである」。

　なお、本判決には、櫻井裁判官ら6名による共同補足意見、千葉裁判官と木内裁判官による各補足意見、鬼丸裁判官による意見、山浦裁判官による反対意見が付されている。

III. 研　　究

1．はじめに

　民法772条は、妻が婚姻中に懐胎した子を夫の子と推定し（１項）、婚姻成立の日から200日経過後又は婚姻の解消・取消しの日から300日以内に生まれた子を婚姻中に懐胎したものと推定している（２項）。そこで、もし女性が婚姻解消等の後直ちに再婚した場合、再婚の日から200日以後でしかも前婚解消等の日から300日以内に生まれた子については、前夫の子か後夫の子か明らかでないという事態、つまり父性推定の重複という事態が生じることになる。一般には、本件規定は、このような事態を避けようとするものと説かれてきた。

　憲法学説では、男女の肉体的・生理的差異に基づく合理的な区別であるとして再婚禁止期間規定を合憲とするのがかつての通説的見解[2]であった。しかし、最近では、民法772条２項を前提に父性推定重複を回避するためには100日の再婚禁止期間を設ければ十分であるとしてこれを違憲とする見解が有力であり、さらには、性差別は厳格審査基準によるべきとの立場から再婚禁止期間規定の存在自体を違憲とする見解もある[3]。また、民法学説では、現在、本件規定の合理性を否定する見解が多数であり、そこでは、再婚禁止期間を100日に短縮すべきとする見解、それに加えて再婚禁止期間の適用除外を拡大することなどを説く見解、再婚禁止期間規定自体を廃止すべしとする見解が主張されている[4]。

　本件規定が争われた判例としては、最三小判平成７年12月５日（集民177号243頁、以下、「平成７年判決」ともいう）がある。この事件も立法不作為を理由として国家賠償を求めたものであったが、最高裁は、最一小判昭和60年11月21日（民集39巻７号1512頁）に依拠し、「合理的な根拠に基づいて各人の法的取扱いに区別を設けることは憲法14条１項に違反するものではなく、民法733条の元来の立法趣旨が、父性の推定の重複を回避し、父子関係をめぐる紛争の発生を未然に防ぐことにあると解される以上」、国賠法の適用上違法との評価を受ける例外的な場合に当たらないとして上告を棄却した。この判決では憲法14条１項や本件規定の立法目的に言及されているが、それはあくまで国賠法適用上の違法性判断に必要な限りのもので、本件規定の合憲性を正面から判断したもの

ではなかった[5]。

　他方、立法に関わる動きとしては、法制審議会が1996（平成8）年の「民法の一部を改正する法律案要綱」[6]で再婚禁止期間を100日とする案をまとめているが、法改正は実現しないままとなっていた。しかし、国際的には女子差別撤廃委員会や自由権規約委員会から繰り返し法改正を求められる状況にあり[7]、国内的にも日本学術会議が再婚禁止期間の短縮ないし廃止を含む民法改正を提言していた[8]。

　本判決は、再婚禁止期間のうち100日超過部分を違憲と判断したが、以上のような学説・判例状況、国内的・国際的状況の下では予想された判断とも言える[9]。しかし、本判決はわが国の「歴史上初めての性差別を理由とした法令違憲判決」[10]とされるが、同時に再婚禁止期間のうち100日以内の部分についての合憲判決でもあるという異なる側面も持っている[11]。以下では、このような特徴に留意しつつ、本判決について若干の検討を行っていく。

2．判断枠組み

　前述のとおり、平成7年判決は、本件規定の合憲性を正面から判断したものではなく、国賠法適用上の違法性判断に必要な限りでの判断にとどまるものであった。これに対し、本判決では、国賠法上の違法性判断から独立・先行して本件規定そのものの合憲性判断を行っており、その意味で在外選挙権に関する最大判平成17年9月14日（民集59巻7号2087頁）[12]と同様の対応がとられているといえる。

　学説では、平等違反に関する憲法適合性審査の際、対象となる権利の性質と差別事由の何れかに基づき審査基準を設定するのが通説とされる[13]。そして、差別事由が憲法14条1項後段列挙事由の場合はより厳格な審査基準によるべきものとされ、その場合でも、同列挙事由すべてに厳格審査基準が当てはまるとする見解と、「性別」「社会的身分」には中間審査（厳格な合理性の基準）が当てはまるとする見解があるとされる[14]。本件規定は再婚の要件に関し性別に基づき区別することから、学説に従えば、厳格さの程度に違いはあるとしても、単なる合理性の基準に比べてより厳格度を増した審査が要求されることになる。

　これに対して、判例は、憲法14条1項適合性審査について、一般的な立法裁

量の存在を前提に、(a) 審査密度を低める要素が見出される場合は、区別が「著しく不合理なもの」であるか否かの基準による「極めて緩やかな審査」、(b) 審査密度を高める要素が見出される場合は、「慎重に検討することが必要である」との判断指針に基づき、立法目的の合理的根拠の有無、具体的区別と立法目的との間の合理的関連性の有無を見る基準による「一定の厳格度を具えた審査」、(c) 審査密度を低める要素も高める要素も見出されない場合は、事柄の性質に即応した合理的根拠に基づく区別か否かを見る基準による (a)(b) の「中間」に位置する審査、を使い分けていると指摘される[15]。このうち (b) の「慎重に検討」する判断指針を示した典型が「国籍法違憲判決」(最大判平成20年6月4日民集62巻6号1367頁)で、同判決では、①国籍が人権保障・公的資格付与・公的給付等を受ける上で意味を持つ重要な法的地位でもあること、②父母の婚姻で嫡出子たる身分を取得するか否かは、子自らの意思や努力で変えることのできない父母の身分行為に係る事柄であることを挙げ、「慎重に検討する」必要性を説いていた。国籍法違憲判決は、上記①・②のいずれも備わってはじめて平等審査の密度を高める要素になるとの立場を採っている[16]とされる。

　判旨1の (ⅰ)・(ⅲ) によれば、「事柄の性質に応じた合理的根拠」の有無を、立法目的の合理的根拠の有無、及び区別の具体的内容と立法目的との合理的関連性の有無から審査するとしており、本判決は、上記 (b) の「一定の厳格度を具えた審査」枠組みを設定していると言える。そして、判旨1 (ⅱ) では「婚姻制度に関わる立法として、婚姻に対する直接的な制約を課すことが内容となっている本件規定については、その合理的な根拠の有無について……事柄の性質を十分考慮に入れた上で検討をすることが必要」とされており、「慎重な検討」という文言はないものの、ここに審査密度を引き上げる必要性が示されているようである[17]。実際、千葉補足意見は、「再婚禁止期間の措置は……憲法上保護に値する婚姻をするについての自由に関する利益を損なうことになり、……再婚への制約をできる限り少なくするという要請が高まっている事情の下で、形式的な意味で……手段に合理的な関連性さえ肯定できれば足りるとしてよいかは問題」で、「立法目的を達成する手段それ自体が実質的に不相当でないかどうか (この手段の採用自体が立法裁量の範囲内といえるかどうか) も更に検討する必要がある」という趣旨を含むと説明する[18]。

しかし、本判決（判旨1（ⅱ））は、国籍法違憲判決とは異なり、憲法24条1項の趣旨から「十分尊重」すべき「婚姻をすることについての自由」[19]の重要性を根拠に審査密度を高めているように見える。ただ、このような見方に対しては、本件規定はそもそも性別に関わるもので「差別事由」の要件は充たされており、あとは「権利の重要性」が問題となるだけであるからその点に焦点を当てて議論を展開したのであり、憲法24条2項が国会の立法裁量の限界を画するものとして明示されていると解されるところから、「婚姻をするについての自由」の重要性と相俟って審査密度の高まりが導かれるとの理解もあり得よう。
　この点、調査官解説は、平等原則違反に関する従来の判例では、「立法裁量の範囲の広狭に関わる検討要素として、当該区別の事由や区別の対象となる権利利益の性質とその重要性を総合的に考慮するという判断方法」が採られているとする。その上で、本件規定は、「『男女の性別』という人が生まれながらに持つ属性による区別」ではあるが、「男女に子をもうけることに関しての身体的差異があることを理由とする区別」で、「むしろ重視すべき観点は、区別そのものではなく、区別の対象となる権利利益の問題として、本件規定が憲法24条にいう『婚姻』を制約するものであるという点にある」とし、「『婚姻をするについての自由』の重要性と、本件規定がこれを直接的に制約するものであるという事柄の性質を十分に考慮して、立法目的・手段の合理性を検討すべきと考えられる」と説明している[20]。この調査官解説に従えば、国籍法違憲判決の審査密度決定要因とされた「対象となる権利の性質」と「差別事由」は、この2つが充足されれば審査密度の一定の高まりを自動的に生むというような（あるいは、この2つがそろわない限り審査密度が高まることはあり得ないというような）形式的なものではないということであろう。
　ただ、穿った見方をすると、100日超過部分が父性推定重複回避という立法目的と適合しないことがあまりにも明らかで、それ故この部分を違憲と言い得ることが極めて明瞭であるからこそ、審査密度を高めるような言い方をすることができたということなのかもしれない。

3．立法目的
　日本国憲法制定に伴う民法改正の中で、再婚禁止期間に関する旧民法767条1

項の規定内容が本件規定にそのまま引き継がれたという「立法の経緯」、民法772条などの「嫡出親子関係等に関する民法の規定中における本件規定の位置付け」をもとに、判旨2の（ⅰ）は、本件規定の立法目的を「女性の再婚後に生まれた子につき父性の推定の重複を回避し、もって父子関係をめぐる紛争の発生を未然に防ぐこと」と捉え、「父子関係が早期に明確となることの重要性」を挙げてその合理性を認めている。ここに示された立法目的は平成7年判決のそれを踏襲したもので、学説でも一般に合理的とされてきた捉え方である[21]。

　これに対し、山浦反対意見は次のように主張する。旧民法（明治31年法律9号）制定当時の法典調査会や帝国議会での政府説明によれば、再婚禁止期間の目的は血統の混乱防止とされていたのであり、本判決多数意見による説明は、血液判定に関する科学技術確立と家制度等廃止という社会事情の変化により「血統の混乱防止という古色蒼然とした目的では制度を維持し得なくなっていることから、立法目的を差し替えた」ように見える。父子関係をめぐる紛争の未然防止の点も、「旧民法の立案者は妻を迎える側の立場に立って前夫の遺胎を心配」したのであり、「離婚した女の再婚を禁じた旧民法に、生まれてくる子の利益の確保という視点があったとするのは余りにも歴史を無視したもの」というのである。

　日本国憲法制定以前から続く規定の立法目的は、当該規定制定時の議論に拘泥するのではなく、憲法との整合性を見定めつつ捉え直してみる必要があるだろう。しかし、他方で、山浦反対意見が指摘する点も見過ごすことはできない。本判決でも若干触れられているが、本件規定の立法経緯[22]を振り返ると、再婚禁止期間を6箇月としたことにつき、梅謙次郎が法典調査会で、前夫の子を宿したままで再婚した場合、後夫としては結婚するのではなかったということがあり得るが、6箇月もたてば専門家でなくても懐胎しているか否かの想像がつくと説明していたことが知られている[23]。この説明からすれば、再婚禁止期間には「妻となるべき女が前夫の種を宿していることを知らないで婚姻しようとする後夫を保護する」[24]という目的も含まれていたということになり、旧民法767条をほぼそのまま口語化した本件規定にも「後夫の保護」という要素が受け継がれている可能性を必ずしも否定できない。

　また、父性推定重複回避という目的自体の意義も、実は必ずしも明確ではな

い。父性推定重複回避は一般に「出生子の利益の保護」という文脈で説明されることが多いが[25]、平成7年判決の原審判決[26]は、本件規定の立法目的を「父性の混同を防止し、出生子の利益や後婚の家庭生活の平穏を保護する」ことと捉えていた。そこでは、父性混同防止すなわち父性推定重複回避を「後婚の家庭生活の平穏の保護」とも結び付けており、その理解の仕方によっては父性推定重複回避の様相が相当異なってくる可能性を含んでいたように思われる。これに対し、本判決では、父性推定重複回避を「父子関係をめぐる紛争の発生を未然に防ぐ」ことと結び付けている。判旨2の（ i ）では父子関係早期明確化の重要性の点からこれを合理的とすると同時に、判旨2の（ ii ）では裁判手続による法律上の父確定と子の利益との関係が述べられているが、このような紛争発生の未然防止の要請に父子関係早期明確化とそれにより確保されるべき「子の利益」以外のものが含まれている可能性はないのかどうか。父子関係をめぐる紛争の未然防止の内実が問題となろう。

　本判決が審査密度を高めるというのであれば、立法目的につき結果として同じ判断を導くにしても、立法経緯や父性推定重複回避の意味など、もう少し丁寧な検討がなされてもよかったのではないかと思われる（なお、判旨2の（ ii ）の指摘は、区別の具体的内容と立法目的との合理的関連性の問題に関わることでもあるので、次の4で触れることにする）。

4．区別の具体的内容と立法目的との合理的関連性

　本判決は、判旨3の（ i ）で本件規定が定める再婚禁止期間のうち100日以内の部分を合憲とする一方で、判旨3の（ ii ）において100日超過部分を憲法14条1項・24条2項に違反し違憲であると判示しており、いわば「量的な一部違憲の判決」[27]と言える。

　ただ、判旨3（ i ）で展開される合憲の論理は極めて形式的なものに止まっている。民法772条の規定から見て父性推定重複が生じ得るのは婚姻解消等後100日であることは計算上一目瞭然で、判旨3（ i ）は単にそれを確認しているに過ぎない。しかしそれが、判旨1（ ii ）で、「婚姻をすることについての自由」が「憲法24条1項の規定の趣旨に照らし、十分尊重に値」し「婚姻に対する直接的な制約を課すことが内容となっている本件規定」の合理的根拠の有

無については「事柄の性質を十分考慮に入れた上で検討」する必要があるとしたことを踏まえたものと言えるかどうかは、甚だ疑問と言わなければならない(28)。

他方、100日超過部分については、判旨3（ⅱ）で、「再婚の場合に限って、前夫の子が生まれる可能性をできるだけ少なくして家庭の不和を避けるという観点や、婚姻後に生まれる子の父子関係が争われる事態を減らすことによって、父性の判定を誤り血統に混乱が生ずるを避けるという観点から、……正当化することは困難で……合理性を欠いた過剰な制約」であり違憲としている。その際に考慮されているのは、「妻が婚姻前から懐胎していた子を産むことは再婚の場合に限られないこと」、そして、100日以内部分の合憲判断では言及されなかった「婚姻をするについての自由が憲法24条1項の規定の趣旨に照らし十分尊重されるべきものであること」であり、婚姻・家族の実態の変化や晩婚化、離婚件数・再婚件数の増加、諸外国での再婚禁止期間の廃止の動向などの「再婚をすることについての制約をできる限り少なくするという要請が高まっている事情」、さらに医療・科学技術の発達も指摘されている。しかし、これらは、むしろ再婚禁止期間規定を設けることそのものの合理性を疑わせる事由と言えるのではないだろうか。

再婚禁止期間のうち100日以内部分が合憲であることを前提に、立法目的との関連から見て、民法733条2項に規定する場合や従来の戸籍実務で認められてきた場合以外にも再婚禁止期間規定の適用除外とすべき場合があると指摘するのは、櫻井裁判官らの共同補足意見である。同項は、女性が前婚解消等の後にその前から懐胎していた子を出産した場合の本件規定適用除外を定めるが、これ以外にも父性推定重複回避の必要がない場合には適用除外とすることを許容していると解され、女性に子が生まれないことが生物学上確実であるなど父性推定重複が生じえない場合、離婚した前配偶者との再婚など父性推定が重複しても差し支えない場合、一定の事由により父性推定が及ばないと解される場合には、本件規定の適用がないというべきだとする。戸籍実務で再婚禁止期間内の婚姻届の受理を認めたもの（前婚の夫との再婚の場合、夫の3年以上の生死不明を理由とする離婚判決により前婚を解消した場合など）もこのような理解に沿うもので、この理解に立つと、女性が不妊手術を受けていて子が生まれない

ことが確実であるときや、女性が前婚解消等の時点で懐胎していないときにも、100日以内部分の適用除外事由とされるべきだというのである。

これに対し、鬼丸裁判官の意見は、父性推定重複回避の必要がない場合は本件規定の適用除外とすると、その範囲は多様かつ広汎で、適用除外に該当せず再婚禁止により父性推定重複回避が必要となるのはごく例外的な場合に限られるとする。同意見は、それにもかかわらず、文理上は前婚の解消等をした全ての女性（但し、民法733条2項の規定の場合を除く）に対し一律に再婚禁止期間を設けているように読める本件規定を残すことは、婚姻をするについての自由の重要性や父を定めることを目的とする訴え（民法773条）の規定が類推適用できることに鑑みると疑問であること、再婚禁止期間の一部期間を違憲無効とすることによっては父性推定重複回避の必要のない多数の女性の再婚を制約することになりかねない状況を除去できないこと等を指摘し、男性との取扱いに差別を設けた本件規定には合理的根拠はなく、本件規定の全部が憲法14条1項・24条2項に違反し無効であると主張する。鬼丸意見は本件規定が立法目的から見て過剰包摂となっていることを指摘するもので、それは学説から強く批判されてきた点でもある[29]。

鬼丸意見は、例外的に父性推定重複が生じた場合には民法773条の父を定めることを目的とする訴えの類推適用により子の父を定めるべきことを主張し、また、山浦反対意見は、DNA検査技術の進歩により生物学上の父子関係を科学的・客観的に明らかにできるようになった段階では、立法目的達成手段として再婚禁止期間を設ける必要性は完全に失われており、本件規定全部が違憲であるとする。しかし、判旨2（ⅱ）は、「父子関係の確定を科学的な判定に委ねることとする場合には、父性の推定が重複する期間内に生まれた子は、一定の裁判手続等を経るまで法律上の父が未定の子として取り扱わざるを得ず、その手続を経なければ法律上の父を確定できない状態に置かれる」とし、「子の利益の観点から、……法律上の父を確定するための裁判手続等を経るまでもなく、そもそも父性の推定が重複することを回避するための制度を維持することに合理性が認められる」とする。

これに対し、山浦反対意見は、父性推定が重複する子を出産する女性の割合はごく僅かで、子の父判定のための個別的救済手続を設けることや推定規定合

第3章 再婚禁止期間規定の合憲性

理化など法改正・法解釈、実務改善等のより影響の少ない方法で立法目的達成が可能であること、近年の医療・科学技術から見て生物学上の父子関係判定は容易で民法773条の類推適用に大きな負担が伴うわけではないこと、裁判手続等の間にも住民票への記載等が可能で、子にとって法律上の父が確定できない状態がしばらく続くことの不利益も近年ではそれほど重大とはいえないことを指摘する。また、鬼丸意見も、父性推定による父確定の法的効果は法律上の身分関係・扶養義務等が定まることにすぎず、実際に法律上の父から扶養を受けられるか否か等は別問題であることなどを指摘する。

しかし、父性推定重複の場合に常に民法773条に依存することには問題もあり得よう。木内補足意見は、父を定めることを目的とする訴えを提起する上での人事訴訟法上の制約等を挙げ、再婚禁止期間規定がなく母・後夫・前夫が法的手続をとらない場合、長期間子の父が決まらず、子の利益が著しく損なわれると指摘する。ただ、この点については、山浦反対意見が示唆するように、嫡出推定規定の合理化などの対応があり得る。例えば、嫡出推定が重複する場合には後夫の子と推定するなど、「婚姻をするについての自由」に対するより制限的でない方法の有無を検討する必要もあろう[30]。

このように見てくると、再婚禁止期間のうち100日以内部分の合理性についても種々の疑問が生じる。そうだとすれば、この部分についても、「婚姻に対する直接的な制約を課することが内容となっている本件規定」の合理的根拠の有無について、「事柄の性質を十分考慮に入れた上で」もう少し丁寧に審査する必要があったというべきであろう。

5．おわりに

本判決を受け、法務省は、再婚禁止期間を100日に短縮して扱うとしてその旨を全国の自治体に通知し、さらに2016（平成28）年3月、政府は、再婚禁止期間を前婚解消等後100日間に短縮し、前婚解消等の時に妊娠していない場合は100日を経過していなくても再婚できることとする民法改正案を閣議決定し国会に提出した[31]。

しかし、この改正案が成立したとしても、それで再婚禁止期間に関する違憲の疑いが払拭されたとは到底言えないだろう。「子の利益」を基底に据え、父子

関係の早期明確化を図るべく「女性の再婚後に生まれた子につき父性の推定の重複を回避し、もって父子関係をめぐる紛争の発生を未然に防ぐ」という再婚禁止期間規定の立法目的の合理性を承認したとしても、憲法24条1項の規定の趣旨から十分尊重すべき「婚姻をすることについての自由」を踏まえて丁寧に検討すれば、女性についてのみ100日間とはいえ再婚禁止期間を置くことと立法目的との合理的関連性については多くの疑問が生ずるからである。

その意味で、問題は依然として残されたままと言わなければならない。

〈注〉
(1) 本判決を論じたものに、辻村みよ子『憲法と家族』（日本加除出版、2016年）219頁以下、犬伏由子「再婚禁止期間規定のうち100日超過部分を違憲とした事例」TKCローライブラリー新・判例解説Watch民法（家族法）No.82（2016年）1頁以下、戸部真澄「再婚禁止期間の改廃に係る立法不作為が国家賠償法上違法でないとされた事例」TKCローライブラリー新・判例解説Watch行政法No.161（2016年）1頁以下、加本牧子「最高裁大法廷 時の判例 最高裁平成27年12月16日大法廷判決」ジュリスト1490号（2016年）88頁以下、安達敏男・吉川樹士「いわゆる夫婦別姓訴訟及び再婚禁止期間訴訟についての最高裁判決の紹介（最高裁平成27年12月16日大法廷判決）」戸籍時報735号（2016年）35頁以下、二宮周平「最大判平27・12・16と憲法的価値の実現（1）」戸籍時報736号（2016年）2頁以下、作花知志「再婚禁止期間違憲訴訟」法学セミナー734号（2016年）39頁以下、堀口悟郎「再婚禁止期間違憲判決」法学セミナー734号（2016年）108頁、朝田とも子「女性の再婚禁止期間規定の100日超過部分についての違憲訴訟」法学セミナー735号（2016年）109頁、藤戸敬貴「再婚禁止期間－短縮と廃止の距離－」調査と情報894号（2016年）1頁以下、建石真公子「民法733条1項・750条の憲法適合性判断」判例時報2284号（2016年）53頁以下、窪田充見「二つの最高裁大法廷判決」判例時報2284号（2016年）57頁以下などがある。
(2) 法学協会『註解日本国憲法上巻』（有斐閣、1953年）479頁、宮沢俊義『憲法Ⅱ［新版］』（有斐閣、1974年）280頁など。
(3) 芹沢斉・市川正人・阪口正二郎編『新基本法コンメンタール 憲法』（日本評論社、2011年）213頁（武田万里子）。
(4) 藤戸・前掲論文注（1）3-4頁。民法学説の状況については、渡邉泰彦「再婚禁止期間の再検討」同志社法学49巻6号（1998年）227頁以下も参照。
(5) 小林節「女性の再婚禁止期間の合理性」憲法判例百選Ⅰ［第5版］（2007年）67頁、建石・前掲論文注（1）54頁参照。
(6) 法務省HP。<http://www.moj.go.jp/shingi1/shingi_960226-1.html>

(7) 女子差別撤廃委員会からの法改正の求めについては、二宮周平「家族法における憲法的価値の実現－家族法改正と司法判断（３）」戸籍時報730号（2015年）8頁以下参照。
(8) 日本学術会議「提言　男女共同参画社会の形成に向けた民法改正」（2014年）13頁。
(9) 安達・吉川・前掲論文注（１）42頁。
(10) 作花・前掲論文注（１）43頁。
(11) 堀口・前掲論文注（１）108頁参照。
(12) この判決の構成については、新正幸『憲法訴訟論［第２版］』（信山社、2010年）327頁参照。
(13) 市川正人「国籍法３条１項が、日本国民である父と日本国民でない母との間に出生し後に父から認知された子につき、父母の婚姻により嫡出子たる身分を取得した場合に限り日本国籍を認めていることと憲法14条１項」判例評論599号（2009年）4頁。
(14) 君塚正臣「女性の再婚禁止期間の合憲性」民法判例百選Ⅲ親族・相続（2015年）12頁。
(15) 蟻川恒正「婚外子法定相続分最高裁違憲決定を読む」法学教室397号（2013年）108-110頁。
(16) 蟻川・前掲論文注（15）108頁、市川正人「憲法判例の展開－司法制度改革以降を中心に－」公法研究77号（2015年）6頁、渡辺康行「平等原則のドグマーティク－判例法理の分析と再構築の可能性－」立教法学82号（2011年）49頁など。安西文雄「憲法14条１項後段の意義」論究ジュリスト13号（2015年）76頁は、「権利・利益の重要性と区別事由とを総合的に考慮して審査のあり方を設定する手法」とする。
(17) 犬伏・前掲論文注（１）2頁は、本判決は「厳格な合理性の基準」をとったと指摘する。他方、辻村・前掲書注（１）241頁は、「従来通りの合理性の基準論に立脚しつつ、審査密度を濃くして実質的に多少とも厳格な判断をした」とする。
(18) なお、山浦反対意見はさらに厳格な審査を求め、「他により影響の少ない方法がある場合には、本件規定は違憲の評価を帯びる」と主張する。
(19) 建石・前掲論文注（１）54頁は、本判決が憲法24条の趣旨から「婚姻の自由」を十分尊重に値すると位置づけた点で注目されるとする。ただ、本判決では「婚姻をするについての自由」という言い方をしており、しかもそれが憲法24条１項で直接保障されるとしているわけではないことには注意を要する。
(20) 加本・前掲論文注（１）90-91頁。
(21) 小林・前掲論文注（５）67頁、君塚・前掲論文注（14）13頁など参照。但し、平成７年判決には、父性推定重複回避と父子関係紛争発生未然防止をつなぐ「もって」という文言はなかった。
(22) 立法の経緯については、永井紀昭「婚姻適齢及び待婚期間に関する覚書（下）」戸籍488号（1985年）4頁以下、千葉洋三「再婚禁止期間について」戸籍時報688号

(2012年) 20頁以下、渡邉・前掲論文注（4）217頁以下など参照。
(23) 梅謙次郎による説明は、加藤美穂子「再婚制限廃止への一試論」法学新報83巻10・11・12号（1977年）331頁における引用参照。
(24) 佐藤義彦「再婚禁止期間の合憲性について」判例タイムズ765号（1991年）100頁。
(25) 中川淳「再婚禁止期間合憲判決について－民法733条と憲法24条」法律時報63巻5号（1991年）65頁参照。
(26) 広島高判平成3年11月28日判時1406号3頁。
(27) 加本・前掲論文注（1）93頁。
(28) 但し、千葉補足意見は「事柄の性質を十分考慮に入れた上で……検討している」とする。
(29) 犬伏由子「女性の再婚禁止期間を定める民法733条の合憲性が争われた事例」判例評論391号（1991年）33頁、犬伏・前掲論文注（1）3頁参照。
(30) 君塚正臣『性差別司法審査基準論』（信山社、1996年）180頁は、より制限的でない他の選択し得る手段として父性推定が重複する子は後夫の子と推定するなどの方法が存在することから、100日間の再婚禁止期間も違憲の疑いが濃厚だとする。
(31) 朝日新聞2015年12月17日（13版）、毎日新聞2016年3月9日（統12版）。

［追記］

　2016（平成28）年6月1日、①再婚禁止期間を100日とする（民法新733条1項）、②「女が前婚の解消又は取消しの時に懐胎していなかった場合」と「女が前婚の解消又は取消しの後に出産した場合」には同条1項を適用しない（同条2項）、③再婚禁止期間規定に違反した婚姻は、前婚の解消・取消しの日から100日を経過し、又は女が再婚後出産したときには、その取消しを請求できない（同746条）とする民法改正が成立し、同月7日に公布・施行された。

第4章　非嫡出子法定相続分規定の合憲性
　　　―最高裁判例の動向と
　　　　　　高裁による3つの裁判例について―

Ⅰ．はじめに

　法定相続分について、2013（平成25）年改正前の民法900条4号は、「子、直系尊属又は兄弟姉妹が数人あるときは、各自の相続分は、相等しいものとする」と定める同時に、その但書前段で、「嫡出でない子の相続分は、嫡出である子の相続分の2分の1」と規定する。そして、法定相続分の規定は、遺留分について準用することとされている（民法1044条）。

　非嫡出子の法定相続分を嫡出子の2分の1とするこの民法900条4号但書前段（以下、適宜「本規定」、「本件規定」ともいう）が法の下の平等を定める憲法14条1項に違反しないかについて、1995（平成7）年の最高裁大法廷決定（最大決平成7年7月5日民集49巻7号1789頁、以下「大法廷決定」ともいう）は、本規定は「法律婚の尊重と非嫡出子の保護の調整を図ったもの」で、民法が法律婚主義を採用していることから立法理由には合理的根拠があり、非嫡出子の法定相続分を嫡出子の2分の1としたことが立法理由との関連で著しく不合理なものとはいえないとして、合憲との判断を下した。以来、大法廷決定を含めて補足意見・反対意見が付されているものの、最高裁は一貫してこの合憲判断を維持してきていた。

　しかし、2008（平成20）年の最高裁大法廷判決（最大判平成20年6月4日民集62巻6号1367頁、以下「国籍法違憲判決」という）が、日本国民である父と日本国民でない母との間の非嫡出子について、父が出生後に認知しただけでは日本国籍の取得を認めず、父母の婚姻により嫡出子たる身分を取得した場合に限り日本国籍を認めるとしていた国籍法旧3条1項（2008（平成20）年12月改正前の規定）について違憲と判断したことで、最高裁による本規定の合憲判断見直しを予測する見解[1]も表明され、さらには、元最高裁判事による「国民の

間で見解のわかれる問題について近いうちに改めて判断が迫られることになるであろうと思われるのは、非嫡出子の相続分が嫡出子の半分となっている民法900条の規定」[2]との指摘もなされてきた。

このような中で、2010（平成22）年には東京高裁で、2011（平成23）年には名古屋高裁で、本規定とこれを準用する民法1044条について適用違憲の判断が下され、さらには、大阪高裁で本規定について法令違憲の判断も下されるに至っている。

本章では、本規定の合憲性をめぐる最高裁判例の動向を概観した上で、これら高裁による3つの裁判例を取り上げ、そこで展開されている論理について若干の検討を行ってみることにしたい。

Ⅱ．最高裁判例の動向

1．大法廷決定

下級審で本規定を合憲とする判断（東京高決平成3年3月29日判タ764号133頁[3]など）と違憲とする判断（東京高決平成5年6月23日判時1465号55頁、東京高決平成6年11月30日判時1512号3頁）とが対立する中で、最高裁大法廷は、1995（平成7）年7月5日、本規定を合憲とする決定を下した。この決定には10人の裁判官による多数意見のほか、5人の裁判官による3つの補足意見と5人の裁判官による反対意見、1人の裁判官による追加反対意見が付されており、これら多数意見・補足意見・反対意見の中で本規定に関する合憲説・違憲説の基本的な論拠がほぼ尽くされている[4]ともいえる。以下、1995年の大法廷決定の内容を確認しておこう。

（1）多数意見

多数意見は、法の下の平等を定める憲法14条1項について、「合理的理由のない差別を禁止する趣旨のものであって、各人に存する経済的、社会的その他種々の事実関係上の差異を理由としてその法的取扱いに区別を設けることは、その区別が合理性を有する限り、何ら右規定に違反するものではない」との従来か

らの立場を踏襲した上で、相続制度の形態には歴史的・社会的に種々のものがあり、相続制度を定めるにはその国の伝統・社会事情・国民感情なども考慮しなければならず、さらに家族をどのように考えるかとも密接に関係し、婚姻や親子関係に対する規律等とも関わるとして、「これらを総合的に考慮した上で、相続制度をどのように定めるかは、立法府の合理的な裁量判断にゆだねられている」とする。そして、「本件規定を含む法定相続分の定めは、……遺言による相続分の指定等がない場合などにおいて補充的に機能する規定」であることをも考慮すると、「本件規定における嫡出子と非嫡出子の法定相続分の区別は、その立法理由に合理的な根拠があり、かつ、その区別が右立法理由との関連で著しく不合理なものでなく、いまだ立法府に与えられた合理的な裁量判断の限界を超えていないと認められる限り、合理的理由のない差別とはいえず、これを憲法14条1項に反するものということはできない」とする。さらに、憲法24条1項をうけた「民法が法律婚主義を採用した結果として、婚姻関係から出生した嫡出子と婚姻外の関係から出生した非嫡出子との区別が生じ、親子関係の成立などにつき異なった規律がされ、また、内縁の配偶者には他方の配偶者の相続が認められないなどの差異が生じても、それはやむを得ないところ」とする。

　以上のような前提の下で、多数意見は、本規定の立法理由を「法律上の配偶者との間に出生した嫡出子の立場を尊重するとともに、他方、被相続人の子である非嫡出子の立場にも配慮して、非嫡出子に嫡出子の2分の1の法定相続分を認めることにより、非嫡出子を保護しようとしたものであり、法律婚の尊重と非嫡出子の保護の調整を図ったもの」、換言すれば、「民法が法律婚主義を採用している以上、法定相続分は婚姻関係にある配偶者とその子を優遇してこれを定めるが、他方、非嫡出子にも一定の法定相続分を認めてその保護を図ったもの」と解し、「現行民法は法律婚主義を採用しているのであるから、右のような本件規定の立法理由にも合理的な根拠があるというべきであり、本件規定が非嫡出子の法定相続分を嫡出子の2分の1としたことが、右立法理由との関連において著しく不合理であり、立法府に与えられた合理的な裁量判断の限界を超えたものということはできない」として、本件規定は憲法14条1項に反しないとする。

(2) 補足意見

可部恒雄裁判官補足意見(以下「可部補足意見」という)は、嫡出子・非嫡出子間に相続分の差等を設けることが非嫡出子の出生阻止、法律婚の促進をもたらすかという「安易な目的・効果論の検証」の排除を説き、「およそ法律婚主義を採る以上、婚内子と婚外子との間に少なくとも相続分について差等を生ずることがあるのは、いわば法律婚主義の論理的帰結ともいうべき側面をもつ」とする。

大西勝也裁判官補足意見(園部逸夫裁判官同調、以下「大西・園部補足意見」という)は、(ⅰ)1947(昭和22)年の民法改正以降の社会事情・国民感情等の著しい変化、国際人権規約B規約24条・26条、児童の権利条約2条の規定、非嫡出子について配偶者や嫡出子の権利との調整を図りながら平等化を進めるヨーロッパ諸国の動向など、日本を取り巻く国際的環境の変化を指摘し、「本件規定の対象とする非嫡出子の相続分をめぐる諸事情は国内的にも国際的にも大幅に変容して、制定当時有していた合理性は次第に失われつつあり」、「本件規定のみに着眼して論ずれば、その立法理由との関連における合理性は、かなりの程度疑わしい状態に立ち至った」とする。しかし、(ⅱ)「民法は、私人間の諸利益の調整の上に成り立って」おり、本規定の合理性の検討に当たっては、「相続、婚姻、親子関係等の関連規定との整合性をも視野に入れた総合的な判断が必要」であるとし、結局、「立法政策として改正を検討することはともかく、現時点においては、本件規定が、立法理由との関連において、著しく不合理であるとまでは断定できない」とする。

千種秀夫・河合伸一両裁判官の補足意見(以下「千種・河合補足意見」という)は、(ⅰ)「一般に、ある法律の規定について、制定当時においては合理的理由があったが、その後の時の経過とともに対象とする事柄をめぐる事情が変化し、その合理性が疑問とされる事態の生じることは、あり得る」とし、「本件規定も制定以来半世紀を経る間、非嫡出子をめぐる諸事情に変容が生じ、子の権利をより重視する観点からその合理性を疑問とする立場の生じていることは、理解し得る」とする。しかし、(ⅱ)「これに対処するには、立法によって本件規定を改正する方法によることが至当」で、その場合、本規定が「親族・相続制度の一部分を構成」することから、これら制度全般への目配り、「関連する諸

規定への波及と整合性」など慎重に検討すべきである。（ⅲ）「ある法規の合理性が著しく失われて、憲法14条1項に照らし、到底容認できない段階に達しているときは、もはや立法を待つことはできず、裁判所が違憲を宣言することによって直ちにその適用を排除」せねばならないが、「本件規定については、現在まだその段階に達しているとは考えられない」とする。

（3）反対意見

　中島敏次郎・大野正男・高橋久子・尾崎行信・遠藤光男の5裁判官による反対意見（以下「中島他反対意見」という）は、（ⅰ）「相続制度は社会の諸条件や親族各人の利益の調整等を考慮した総合的な立法政策の所産であるが、立法裁量にも憲法上の限界が存在する」とし、憲法13条・24条2項の「趣旨は相続等家族に関する立法の合憲性を判断する上で十分尊重される」必要があることを指摘し、「本件規定で問題となる差別の合理性の判断は、基本的には、非嫡出子が婚姻家族に属するか否かという属性を重視すべきか、あるいは被相続人の子供としては平等であるという個人としての立場を重視すべきかにかかっている」から、「その判断は、財産的利益に関する事案におけるような単なる合理性の存否によってなされるべきではなく、立法目的自体の合理性及びその手段との実質的関連性についてより強い合理性の存否が検討されるべき」であるが、本規定については「単なる合理性についてすら、その存在を肯認することはできない」とする。その理由として、（ⅱ）婚姻の尊重という「立法理由からみて嫡出子と非嫡出子とが法定相続分において区別されるのを合理的であるとすることは、非嫡出子が婚姻家族に属していないという属性を重視し、そこに区別の根拠を求めるものであって、……憲法24条2項が相続において個人の尊厳を立法上の原則とすることを規定する趣旨に相容れない」こと、すなわち、「出生について責任を有するのは被相続人であって、非嫡出子には何の責任もなく、その身分は自らの意思や努力によっては変えることはできない」にもかかわらず、「出生について何の責任も負わない非嫡出子をそのことを理由に法律上差別することは、婚姻の尊重・保護という立法目的の枠を超えるものであり、立法目的と手段との実質的関連性は認められず合理的であるということはできない」こと、（ⅲ）本規定は、「国民生活や身分関係の基本法である民法典中の一条項

であり、強行法規でないとはいえ、国家の法としての規範性をもち、非嫡出子についての法の基本的観念を表示しているものと理解される」が、それは「非嫡出子を嫡出子に比べて劣るものとする観念が社会的に受容される余地をつくる重要な一原因」となっており、本規定の「立法目的が非嫡出子を保護するものであるというのは、……少なくとも今日の社会の状況には適合せず、その合理性を欠くといわざるを得ない」こと、(iv) 合憲性の判断は、「制定当時の立法目的と共に、その後に生じている立法の基礎をなす事実の変化や条約の趣旨等をも加えて検討」せねばならないが、(iv−1) 主として1960年代以降、相続を含む法制度上で、嫡出子と非嫡出子を同一に扱う法改正が諸外国の立法の大勢となっていること、(iv−2) 非嫡出子の相続分を嫡出子と同等とする旨の「改正要綱試案が公表され、立法改正作業が継続されている」こと、(iv−3) 日本が批准した条約の規定として国際人権規約B規約26条、児童の権利条約2条1項の規定があることから、「少なくとも今日の時点において、婚姻の尊重・保護という目的のために、相続において非嫡出子を差別することは、個人の尊重及び平等の原則に反し、立法目的と手段との間に実質的関連性を失っているというべき」であること、を挙げる。さらに、(v) 違憲判断の効力について、「本件規定を違憲と判断するとしても、当然にその判断の効力が遡及するものではない」、「本件規定は違憲であるが、その効力に遡及効を認めない旨を明示することによって、従来本件規定の有効性を前提にしてなされた裁判、合意の効力を維持すべきである」とする。

　尾崎行信裁判官の追加反対意見（以下「尾崎追加反対意見」という）は、(i)「本件規定が補充規定であること自体、法律婚や婚姻家族の尊重・保護の目的と相続分の定めとは直接的な関係がないことを物語っている」こと、(ii)「依然我が国においては、非嫡出子を劣位者であるとみなす感情が強」く、「本件規定は、この風潮に追随しているとも、またその理由付けとして利用されているともみられる」が、「こうした差別的風潮が、非嫡出子の人格形成に多大の影響を与えることは明白」で、「憲法が個人の尊重を唱え、法の下の平等を定めながら、非嫡出子の精神的成長に悪影響を及ぼす差別的処遇を助長し、その正当化の一因となり得る本件規定を存続させることは余りにも大きい矛盾である」こと、(iii) 婚姻家族の相続分を大きくしたければ「遺言制度を活用すれば足り

る」こと、を指摘する。

　大西・園部補足意見（ⅰ）及び千種・河合補足意見（ⅰ）は、中島他反対意見の（ⅳ）と同様に「立法の基礎をなす事実の変化や条約の趣旨等」から、本規定の合理性が疑わしい状態にあること、あるいはそのような見方が成り立ち得ることを認める。これら補足意見を提示する4裁判官を加えれば、15人中9人の裁判官が本規定の合理性に疑問（ないしはその可能性）を呈しているのであるから、実質的には本規定が違憲状態にあることを認めたのに等しいとも言える[5]。それにもかかわらず、これら補足意見は違憲判断に踏み切らず、「関連規定との整合性をも視野に入れた総合的な判断」（大西・園部補足意見（ⅱ））、「関連する諸規定への波及と整合性」（千種・河合補足意見（ⅱ））を踏まえた立法による解決を主張する[6]。「民法は多くの対立矛盾する法益の調整を行う基本法であるから、相続分差別が子の平等原理と触れることを重視して改正されるべきだとしても、少なくとも立法によって行われるべきであり、ただちに違憲無効とはいえないとするのが、合憲説の立場」[7]とされるが、これら補足意見にも同様の判断があるのであろう。この点、中島他反対意見（ⅴ）が、違憲判断によってもたらされるかもしれない影響を考慮し、違憲判断の効力に遡及効を認めない旨明示することによって法的安定性を維持する方法があるとするのと対照的である。本規定の不合理性に対応して、立法による解決を図るべきとするか、判決のもたらす効果を考慮しつつ違憲判断を下すことを選択するかは、以後も対立点となっている。

　同じく合理性に疑問を呈しつつも、法定相続分について嫡出子・非嫡出子を区別すること自体が個人の尊厳性と相容れないこと（中島他反対意見（ⅱ））、本規定が非嫡出子に対するスティグマをもたらしていること（中島他反対意見（ⅲ）、尾崎追加反対意見（ⅱ））の指摘は、大西・園部補足意見、千種・河合補足意見には（もちろん、多数意見、可部補足意見にも）見られない。その背景には、家族観に関する対立があるといえる。反対意見では、「夫婦関係から親子関係を独立させた『家族』モデル」を採用し、「婚姻は婚姻、親子は親子、両者は別々の法律関係」として理解されているのに対し、多数意見では「夫婦関係に親子関係を包含させた『家族』モデル」を採用し、「婚姻は夫婦間に生まれ

てくる子の地位に関する合意を含んだ約束」と理解されており、「可部補足意見の『法律婚主義の論理的帰結』とは以上のような見方を示すものとして理解することができる」との指摘[8]がなされる。この指摘に従えば、多数意見が「民法が法律婚主義を採用した結果として、婚姻関係から出生した嫡出子と婚姻外の関係から出生した非嫡出子との区別が生じ……ても、それはやむを得ないところ」とし、補足意見が法定相続分で嫡出子・非嫡出子を区別すること自体が個人の尊厳性と相容れないことや本規定が非嫡出子に対するスティグマをもたらしていることについて触れていなくとも、それは当然のことということになろう。

なお、本規定の合憲性審査の基準について、一般に、反対意見は中間審査基準ないし「厳格な合理性の基準」を採用しているのに対し、多数意見は「単なる合理性の基準」を採用しているとされるが[9]、多数意見は憲法学説がいう「合憲性審査の考え方とは異なる発想に基づいて合憲判断を導いている……。……嫡出子と非嫡出子との相続分の差異を何らかの目的のための手段とは位置づけていない」[10]との指摘もある。

この点に関連しては、反対意見が「学説では一般的な違憲審査基準論に依拠」しているのに対し、多数意見は「伝統的な合理的区別論を語っている」とすると同時に、多数意見は「裁量論の構成に依りながら、実は制度的保障論に限りなく接近している」とする指摘[11]も行われている。多数意見が「制度」の側から問題を捉えているとすれば、「憲法13条・24条に言及しつつ『個人の尊厳』の意義を強調し、……『個人』の側から事態をみるべきであると主張する」のが中島他反対意見・尾崎追加反対意見ということになろう[12]。

2．大法廷決定後の判例

大法廷決定後の最高裁の判例で、公表されているものは以下の通りである。
①最1小判平成12年1月27日集民196号251頁（合憲4人（補足意見1人）、違憲1人）
②最2小判平成15年3月28日集民209号347頁（合憲3人、違憲2人）
③最1小判平成15年3月31日集民209号397頁（合憲3人（補足意見1人）、違憲2人）

第4章 非嫡出子法定相続分規定の合憲性

④最1小判平成16年10月14日集民215号253頁（合憲3人（補足意見1人）、違憲2人）

⑤最2小決平成21年9月30日集民231号753頁（合憲3人（補足意見1人）、違憲1人）

　最高裁は、大法廷決定の多数意見を一貫して踏襲し、本規定を合憲とする判断を下している。ただ、いずれの場合でも違憲を主張する反対意見が付加され、また②を除いて法改正を求める補足意見も付されている。特に③以降は、補足意見を述べる裁判官を加えると、本規定を違憲（不合理）とみる裁判官が多数を占めることになったといえる[13]。「本件規定の違憲性が相当多くの裁判官の共通する認識であることをうかがわせる」[14]事実といえよう。以下で、これら判例に付加された補足意見、反対意見の概要を見ておこう。

（1）補足意見

　（a）「立法の基礎をなす事実の変化や条約の趣旨等」について、①の藤井正雄裁判官補足意見（以下「藤井補足意見」という）は、「本件規定が制定後の事情の変化により現在では憲法上容認し得ないと評価されるとしても、そのような評価に至った時点、すなわち合憲から違憲への飛躍的な移行を裏づける劇的な社会変動をどこに捕らえるかは、甚だ困難」とする。③の島田仁郎裁判官補足意見（④でも引用、以下「島田補足意見」という）は、大法廷決定以降の「少子高齢化に伴う家族形態の変化、シングルライフの増加、事実婚・非婚の増加傾向とそれに伴う国民の意識の変化には相当なものがあ」り、「立法した当時に存した本件規定による区別を正当化する理由となった社会事情や国民感情などは、現時点ではもはや失われたのではないかとすら思われる状況に至っている」とする。⑤の竹内行夫裁判官補足意見（以下「竹内補足意見」という）は、2000（平成12）年の相続発生日（本件基準日）以降も「社会情勢、家族生活や親子関係の実態、我が国を取り巻く国際的環境等は、変化を続けている」とし、「本件基準日以降に限っても」、非嫡出子出生割合が増加していることはわが国の家族観の変化をうかがわせること、2001年のフランスの法改正に見られるように相続分を平等とすることが世界的な趨勢であり、国際人権規約B規約委員会や児童の権利委員会から相続分平等化を勧告されていることなどは、わが国を取

り巻く国際的環境の変化を示すことを指摘する。

　(b) 大法廷決定の多数意見・補足意見には、嫡出子・非嫡出子の区別が個人の尊厳性と相容れず、非嫡出子に対するスティグマをもたらしていることの指摘は見られなかった。しかし、島田補足意見は、「このような規定が存在することによって、非嫡出子であることについて社会から不当に差別的な目で見られ、あるいは見られるのではないかということで、肩身の狭い思いを受けることもあるという精神的な不利益も無視できない」と述べる。また、竹内補足意見も、「本件規定は非嫡出子が嫡出子より劣位であるという印象を与え、非嫡出子が社会から差別的な目で見られることの重要な原因になっているという問題点が強く指摘されるに至っている」とする。

　(c) 補足意見は、(a)(b) を背景に法改正の必要を説く。島田補足意見は、(a)(b) に加えて遺留分を考えると本規定が補充的とばかりは言い切れないことも指摘した上で、「明らかに違憲であるとまではいえないが、極めて違憲の疑いが濃い」とし、1996（平成 8 ）年に非嫡出子の相続分を嫡出子と同等とする民法改正案が法制審議会から答申されていること、世界の多くの国で法律上相続分の同等化が図られていること、国連の人権委員会から相続分同等化が強く勧告されていることなどを挙げて、「相続分を同等にする方向での法改正が立法府により可及的速やかになされることを強く期待する」としている。竹内補足意見も「少なくとも現時点においては、本件規定は、違憲の疑いが極めて強い」としつつ、「社会情勢等の変化にかんがみ、立法府が本件規定を改正することが強く望まれている」とする。

　(d) 本規定に「違憲の疑い」を表明しつつも法改正による対応を主張する背景には、違憲判決がもたらす影響への危惧があるのであろう。この点に関して、藤井補足意見は、大法廷決定の中島他反対意見で表明された「違憲判断の不遡及的効力」の考え方を「いまだ十分に議論が熟しているとはいえない」とする。島田補足意見は、「直ちに違憲無効の判決をすると、大きな混乱を招いて法的安定性が著しく損なわれることは避けがたい」とし、竹内補足意見は、中島他反対意見が「違憲判断の効力を遡及させず、従前の裁判等の効力を維持することの法的な根拠……は明らかにしておらず、学説においても十分な議論が尽くされているとは言い難い状況」であるとする。

第4章　非嫡出子法定相続分規定の合憲性

(2) 反対意見

(a)「立法の基礎をなす事実の変化や条約の趣旨等」について、②の梶谷玄・滝井繁男裁判官の反対意見（以下「梶谷・滝井反対意見」という）は、「家族関係及び相続をめぐる近時の社会状況の変化は、国内外において著しいものがあり」、この傾向は大法廷決定以降も、「嫡出子と非嫡出子の区別をなくしていくことを求める方向に進んでいる」として、（α）1996（平成8）年の法制審議会による民法改正案要綱が本規定の改正方向を示していること、（β）国連の人権委員会が1998年に本規定の改正のための必要な措置をとるよう勧告していることを挙げる。③の深澤武久裁判官反対意見（以下「深澤反対意見」という）は、厚生労働省の統計資料をもとに非嫡出子の増加傾向、離婚件数と核家族世帯の増加等を指摘し、「婚姻観、家族観等について国民感情の形成に影響すると思われる社会事情は、大法廷決定後も大きく変動している」とする。さらに、梶谷・滝井反対意見と同様（α）（β）の点を挙げて、「本件規定が制定された後及び大法廷決定後も日本社会は大きく変容し続け、本件規定の合理性を根拠付けていた諸要素についての社会の評価も変化しており、国際的な批判も生じている」とする。④の才口千晴裁判官反対意見（以下「才口反対意見」という）は、島田補足意見・深澤反対意見を参照しつつ、大法廷決定から「既に9年以上が経過し、その間、男女の結婚観等も大きく変わり、非嫡出子が増加傾向にあるなど、立法当時に存した本件規定による相続差別を正当化する理由となった社会事情や国民感情などは、大きく変動しており、現時点では、もはや失われたのではないかとすら思われる状況に至っている」と述べる。⑤の今井功裁判官反対意見（以下「今井反対意見」という）も、「我が国における社会的、経済的環境の変化等に伴って、夫婦共同生活の在り方を含む家族生活や親子関係に関する意識も一様でなくなってきており、今日では、出生数のうち非嫡出子の占める割合が増加するなど、家族生活や親子関係の実態も変化し、多様化してきていること」、「ヨーロッパを始め多くの国においても、非嫡出子の相続分を嫡出子のそれと同等とする旨の立法がされている」こと、非嫡出子の相続分を平等化する改正案要綱が法務大臣に答申されたものの未だ改正が実現していない状況にあることを挙げている。

(b) 嫡出子・非嫡出子の区別が個人の尊厳性と相容れないことに関して、

深澤反対意見は、憲法13条・14条1項・24条2項を挙げて、「憲法が、家族に関する事項についての法は、我が国の歴史、伝統、慣習、社会的諸事情、国民感情等を考慮しながらも、これらにいたずらに追従するのではなく、個人の尊厳を重視したものでなければならないことを求めている」とする。③の泉徳治裁判官反対意見（④でも引用、以下「泉反対意見」という）は、本規定の差別は「自己の意思によらずに、出生によって決定された嫡出でない子という地位ないし身分によるもの」で、憲法14条1項にいう「社会的身分」に当たり、「かかる差別は、憲法13条及び24条が掲げる個人としての尊重、個人の尊厳の理念をも後退させる性質のもの」とする。そして、非嫡出子の相続分を嫡出子のそれの2分の1とする手段は、法律婚の尊重・保護という立法目的達成のための重要な役割を果たしているとはいえず、むしろ「嫡出でない子が被る平等原則、個人としての尊重、個人の尊厳という憲法理念にかかわる犠牲は重大であり、本件規定にこの犠牲を正当化する程の強い合理性を見いだすことは困難」とする。才口反対意見は、憲法13条・14条1項・24条2項に照らして、「憲法は、相続に関する法制度としては、子である以上、男女長幼の別なく、均等に財産を相続することを要求しているものというべきであり、子の社会的身分等を理由として、その法的取扱いに区別を設けることは、十分な合理的根拠が存しない限り許されない」とし、「非嫡出子であることは、自分の意思ではどうにもならない出生により取得する社会的身分」であり、「本件規定は、人を出生によって取得する社会的身分により、合理的な理由もないのに、経済的又は社会的関係において差別するもの」とする。今井反対意見は、「婚姻関係から出生するかそうでないかは、子が、自らの意思や努力によってはいかんともすることができない事柄」で、「このような事柄を理由として相続分において差別することは、個人の尊厳と相容れない」と述べる。また、今井反対意見は、2008（平成20）年6月4日の大法廷判決が国籍法旧3条1項を合理的理由のない差別で憲法14条1項に違反するとしたが、「このことは、本件のような相続分の差別についても妥当する」とする。

（c）法改正による対応ではなく司法的救済が必要なことについて、泉反対意見は、「立法作用によって解決されることが望ましい」が、「多数決原理の民主制の過程において、本件のような少数グループは代表を得ることが困難な立場

にあり、司法による救済が求められている」とする。才口反対意見は、「非嫡出子が被る個人の尊厳や法の下の平等にかかわる不利益は、憲法の基本原理に則り、できる限り早い時期に法律の改正によって救済すべきであるが、それを待つまでもなく、司法においても救済する必要がある」と述べる。今井反対意見は、法制審議会による民法改正案要綱の「答申以来十数年が経過したが、法律の改正は行われないまま現在に至っているのであり、もはや立法を待つことは許されない時期に至っている」とする。

(d) 違憲判断がもたらす影響の考慮について、深澤反対意見は、「最高裁判所の違憲判決が社会的に大きな影響を及ぼすことは、その性質上、避け難いところであって、違憲判決の結果、新たな対応をする必要が生じた場合には、関係機関が速やかに適切な措置をとるべきことは、憲法が最高裁判所に違憲立法審査権を付与した当然の帰結というべきものであり、そのことをもって違憲立法審査権の行使が制約されると考えるのは相当でない」とする。今井反対意見は、「裁判所が違憲と判断した規定について、その規定によって権利を侵害され、その救済を求めている者に対し救済を与えるのは裁判所の責務であって、国会における立法が望ましいことを理由として違憲判断をしないのは相当でない」とする。違憲判断がもたらす影響については、「本件規定を違憲無効と判断したとしても、そのことによって本件規定を適用した確定判決や確定審判について再審事由があるということにはならないし、本件規定が有効に存在することを前提として成立した遺産分割の調停や遺産分割の協議の効力が直ちに失われるものではない」とし、「本件規定を違憲と判断することによって、法的安定性を害するおそれのあることは否定できないが、その程度は補足意見が述べるほど著しいものとはいえない」と述べている。

補足意見・反対意見ともに、(a)「立法の基礎をなす事実の変化や条約の趣旨等」の点、(b) 相続に関する嫡出子・非嫡出子の区別が個人の尊厳性と相容れないとする点の議論には深化が見られる。また、補足意見は、違憲の疑いがあることを理由に (c) で速やかな法改正を求めている。そこから、大法廷決定後の判例の「補足意見や反対意見の理由づけは、深まりを見せ、違憲状態を指摘するに等しい」、「補足意見は、大法廷決定の補足意見よりはるかに強く法改正

を求めており、現時点において本件規定に合理性がないことは一層、明確になった」との評価[15]も行われている。ただ、補足意見と反対意見とでは、違憲判断がもたらす影響の点で見解が分かれており、「違憲無効判決の効果」が「対立軸」となっている[16]といえよう。さらに、補足意見であるか反対意見であるかにかかわらず、立法事実の変化についてどのような時点を比較して捉えるかに関しても微妙な差異がみられる。大法廷決定が本件規定を合憲としていることとの整合性を考慮してのことであろうが、大法廷決定後の状況に絞り込んだ記述もある。しかし、それが立法事実の変化を適切に説明したものとなっているかについては、疑問の余地がある。

Ⅲ. 東京高裁2010（平成22）年3月10日判決と名古屋高裁2011（平成23）年12月21日判決

以上のような最高裁判例の動向を踏まえ、高裁による最近の3つの裁判例を見ていくことにしよう。

1. 東京高裁2010（平成22）年3月10日判決（判タ1324号210頁）

被相続人は生前婚姻をしたことがなく、相続人が実子である非嫡出子（X、被控訴人）とこの非嫡出子出生後に縁組をした養子（Y（控訴人）及びYの子）であるが、被相続人はYに全財産を相続させる旨の遺言をしていた。本件は、Xが全財産を相続したYに対して遺留分減殺請求権を行使した事案である。原審（東京地判平成17年3月3日）は本規定を憲法14条1項に違反して無効としていた。本判決は、次のように判示した。

（ⅰ）本件規定が「合理的理由のない差別とはいえず、憲法14条1項に反するものとはいえない」ことは、大法廷決定以下の「累次の最高裁判決等が判示するところ」であり、「民法1044条が本件規定を準用し、非嫡出子の遺留分を嫡出子の2分の1としたこと（以下これを「本件区別」という。）についても、確かに、遺留分については、遺言者の意思によって自由にできないものであり、相続分（遺言による相続分の指定等がない場合などにおいて初めて機能する。）

のようにこれを補充的なものとは捉え難いという面があるものの、遺留分制度においても、本件規定の立法理由である法律婚の尊重と非嫡出子の保護の調整を図るという趣旨はそのまま妥当するというべきであるから、民法1044条が本件規定を準用し、非嫡出子の遺留分を嫡出子の2分の1としたこと（本件区別）が、上記立法理由との関連において著しく不合理であり、立法府に与えられた合理的な裁量判断の限界を超えたものということはできないというべきである。したがって、本件規定を準用する民法1044条が憲法14条1項に反するものとはいえない」。

（ⅱ）（ア）「しかし、……本件事案に本件規定を準用して被控訴人の遺留分を嫡出子の遺留分割合の2分の1にし、控訴人の取り分を増やすことは、法律婚を尊重することには何ら結びつかないものである。すなわち、被相続人につき婚姻関係が成立していない本件事案において、本件規定を準用して本件区別をもたらすことと立法理由との間に直接的な関連性は認められず、法律婚の尊重という立法理由からは、その合理性を説明できないというべきである。本件規定は、もともとその規定ぶりがその立法目的に照らして広汎過ぎるといえるのである」。（イ）「確かに、法制度である以上、ある程度割り切ってどこかで一律に線を引かざるを得ない面があるといえるが、本件区別により被控訴人が被る不利益は、以下のとおり、決して僅少なものとはいえないのである。すなわち、被控訴人は、遺留分が嫡出子の2分の1となる……という重大な財産的不利益を受けるだけでなく、法律婚関係にない男女の間に生まれたという本人の意思や努力によって変えることのできない事情によってこのような差別的取扱いを受けることにより、精神的に大きな苦痛を被ることになるのである。それは、平等原則、個人としての尊重、個人の尊厳という憲法理念にかかわる問題である」。（ウ）「また、立法当時と比較すると、その後の社会情勢、家族生活や親子関係の実態、我が国を取り巻く国際的環境等は、著しく変化をしているのであり（公知の事実）、……本件規定及び本件区別を正当化する理由となった社会事情や国民感情などは、本件相続発生当時の時点（平成7年）でみると、もはや失われたのではないかとすら思われる状況に至っている」。

（ⅲ）「このような事情を総合考慮すると、本件規定ないしこれを準用する民法1044条が法令として違憲・無効であるとはいえないにしても、これを本件事

案に適用する限りにおいては、違憲と評価され、効力を有しないというべきである」。

２．名古屋高裁2011（平成23）年12月21日判決（裁判所ホームページ）

　被相続人（Ａ）は遺産のすべてを原告出生後に婚姻した妻（Ｃ）に遺贈したが、Ａが一度も婚姻をしたことのない状態で非嫡出子として出生した原告（Ｘ、控訴人）が、Ｃの相続人である被告ら（Ｙら、被控訴人）に対して遺留分減殺請求権を行使した事案である。Ａ居住地方には、当時、長男の嫁取りについていわゆる樽入れ婚の風習があり、長男であるＡとＸの母（Ｂ）とは1941（昭和16）年に盛大な婚儀を行い、入籍しないままＢはＸを出産した。しかし、Ｂは結局Ａの家に迎えてもらえず、Ａと婚姻しなかった。Ａはその後の1943（同18）年にＣと婚姻し、ＡとＣとの間にＹらが出生したという事情がある。原審は、本件規定は憲法14条１項に反しないとしていた。本判決は、次のように判示した。

　（ⅰ）「婚姻関係にある両親の下に出生したか否かという、子自身の意思や努力によってはいかんともし難い事由を理由として、取得される権利に差異を設けることは、憲法14条１項にいう社会的身分又は門地による経済的又は社会的関係における差別に当たる」。しかし、「憲法14条１項は、同項所定の事由による合理的理由がない差別を禁止する趣旨のもの」であるから、「嫡出子と非嫡出子の遺留分について、本件規定を準用する民法1044条により……差異を設けることが、……合理性を有する区別といえるか否かの検討を要することになる」が、その検討に当たっては、憲法13条・24条１項２項を「十分に考慮して判断されるべきである」。

　（ⅱ）「民法1044条が準用する本件規定の立法理由は、法律婚の尊重と非嫡出子の保護の調整を図るため、法定相続分は婚姻関係にある配偶者とその子である嫡出子を優遇して定めるが、非嫡出子にも嫡出子の法定相続分の半分の法定相続分を認めてその保護を図ることとする」ものである。「憲法24条を承けた民法が法律婚主義を採用している以上、法律婚とそれに基づく法律関係を優遇するとの本件規定の立法理由には、尊重し優遇されるべき法律婚が現に又は過去に存在している状態で出生した非嫡出子との関係において一定の合理的根拠と

第4章 非嫡出子法定相続分規定の合憲性

なり得るのであり、上記非嫡出子との関係で、その法定相続分について本件規定を適用する限りでは、本件規定が非嫡出子の法定相続分を嫡出子のそれの2分の1としていることが、上記立法理由との関連において著しく不合理であり、立法府に与えられた合理的裁量判断を超えたものとまではいえず、憲法14条1項に反するものとはいえない」。

（ⅲ）（ア）「しかし、非嫡出子が出生したときにおいて、被相続人がそれまで1度も婚姻したことがない場合には、その時点では、尊重し優遇すべき何らの法律婚もなく、したがって、当該非嫡出子との関係で本件規定により尊重し優遇すべき嫡出子も存在しないのであるから、このような場合において、後日被相続人が婚姻して出生した嫡出子との関係で本件規定の適用があるとすることは、本件規定の前記立法理由とされている法律婚とそれに基づく法律関係を尊重し優遇することに直接に又は実質的に関連せず、本件規定が適用されることによる差別には合理性があると解することは困難であり、少なくとも上記の場合における上記差別に合理性を認めることには重大な疑いがある。なぜならば、被相続人が1度も婚姻していない状態で出生した非嫡出子とその原因となった男女の関係は、婚姻関係のない男女の関係とその間に生まれた子というだけの存在で、その時点では、被相続人の婚姻との関係では価値中立的な社会的存在というべきものであって、毫も法律婚とそれに基づく嫡出親子関係などの法律関係を脅かすものではないのであるからである」。（イ）また、「非嫡出子の相続分を嫡出子の2分の1とする相続規定は、明治時代の旧民法制定当時に設けられ、戦後の民法改正の際に本件規定として引き継がれたものであるが、家族関係や親子関係等に対する国民意識や婚姻関係等の実情は、亡父が死亡した平成16年当時と上記の改正当時とを比較しても、大きく変化していることは否定できない」。

（ⅳ）「そうすると、本件規定は法令として違憲であり無効なものとはいえないが、少なくとも、平成16年4月当時（本件相続が開始した当時）において、被相続人が1度も婚姻したことがない状態で被相続人の非嫡出子として出生した子について、被相続人がその後婚姻した者との間に出生した嫡出子との関係で本件規定を適用することは、本件規定の前記立法理由をもって正当化することは困難であり、本件規定の適用により生ずる前記のような差異を合理的理由

のあるものとして支持するに足りなくなったというべきであるから、上記のような状態で出生した非嫡出子について本件規定を適用する限度で、本件規定は憲法14条1項に違反して無効というべきである」。

　(ⅴ)「本件規定による相続分が被相続人の遺言がない場合の補完的な規定であるのに対し、本件規定を準用する民法1044条は被相続人の遺言の自由をも制約する強行規定であるなどの相違はあるものの、本件規定を準用する民法1044条も、本件規定の立法理由である法律婚の尊重と非嫡出子の保護の調整を図るとの同一の立法理由に基づくものと解されるから、本件規定に関する上記……の説示は、本件規定を準用する同条についてもそのまま当てはまる」。「したがって、平成16年4月当時において、被相続人が1度も婚姻したことがない状態で被相続人の非嫡出子として出生した子について、被相続人がその後婚姻した者との間に出生した嫡出子との関係で、本件規定を準用する民法1044条を適用することは、その限度で憲法14条1項に違反して無効というべきである」。

3．検　討

　東京高裁判決も名古屋高裁判決も、ともに適用違憲の判断を下している。適用違憲判決の類型については、(A)「法令の合憲限定解釈が不可能である場合、すなわち合憲的に適用できる部分と違憲的に適用される可能性のある部分とが不可分の関係にある場合に、違憲的適用の場合をも含むような広い解釈に基づいて法令を当該事件に適用するのは違憲である」とするもの、(B)「法令の合憲限定解釈が可能であるにもかかわらず、法令の執行者が合憲的適用の場合に限定する解釈を行わず、違憲的に適用した、その適用行為が違憲である」とするもの、(C)「法令そのものは合憲でも、その執行者が人権を侵害するような形で解釈適用した場合に、その解釈適用行為が違憲である」とするものがあるとされるが[17]、これら2つの判決は、いずれも(A)の類型に属するといえよう[18]。

　しかし、東京高裁判決が適用違憲を導く論理(ⅱ)のうち、(ｱ)は適用違憲にも結びつくものであるが、(ｲ)及び(ｳ)はむしろ法令違憲に結びつくものであるといえる[19]。東京高裁としては、従来の判例法理から端的な法令違憲の判断を下すことを自己抑制しつつ、事案に即して具体的で公平な解決を目指して

第 4 章　非嫡出子法定相続分規定の合憲性

適用違憲で対応したが、(イ)(ウ)を述べたことにより法令違憲に限りなく近いことを明らかにしており、結局、本判決は「本件規定を違憲とする方向へ一歩進めた判例」として位置づけられると評されている[20]。

　適用違憲の論理をより徹底しているのは名古屋高裁判決である。名古屋高裁判決は、(ii)において、「本件規定の立法理由は、法律婚の尊重と非嫡出子の保護の調整を図る」ことにあるとして従来の判例を踏襲する態度を示しつつ、「法律婚とそれに基づく法律関係を優遇するとの本件規定の立法理由には、尊重し優遇されるべき法律婚が現に又は過去に存在している状態で出生した非嫡出子との関係において一定の合理的根拠となり得る」として実質的に絞りをかける。立法理由をこのように絞りをかけて捉えることが、その後の適用違憲を導く布石となる。(iii)は「被相続人が1度も婚姻したことがない状態で被相続人の非嫡出子として出生した子について、被相続人がその後婚姻した者との間に出生した嫡出子との関係で本件規定を適用すること」の不合理さを論証する部分であるが、適用違憲の根拠を明確に示しているのは(ア)である((イ)は東京高裁判決の場合同様、法令違憲に結びつくものであるが、ここで大きなウェイトを占めているのは(ア)であろう)。ここでは、(i)の部分で憲法13条・24条を挙げていたにもかかわらず、東京高裁判決に見られたような(東京高裁判決(ii)の(イ))、そして、大法廷決定の反対意見やその後の判例の補足意見・反対意見に見られたような、非嫡出子の差別扱いが個人の尊厳性と相容れないものであり非嫡出子に対するスティグマをもたらしかねない点は違憲性の論拠として取り上げられていない。本判決も、法令違憲につながりかねない論理の提示は極力避けて適用違憲にとどめ、従来の判例との整合性に配慮したということなのかもしれない。

　本規定の立法理由を名古屋高裁判決のように絞りをかけて理解するというのは、実は新しいことではない。大法廷決定の多数意見と反対意見とでは想定された家族モデルが異なると見られることは既に述べたが、学説でも本規定が「非嫡出子（いわば妾の子）」[21]を典型として想定した規定と見られており[22]、さらに遡れば、第2次大戦後の民法改正の際に、相続分について嫡出子・非嫡出子を同等にする案が否決されたのは、「婚外子は未婚の男女からも生まれるが、歴史的経過から、一般的に夫が妻以外の女性との間にもうけた子と捉えられ、婚

外子に相続権を与えること自体が問題とされ、相続権を認めることは、結果的に妾の子を保護することになり、それは妾制度を存置することと変わらず、封建制のなごりになると批判された」という事情があったのであり、結局、本規定は、「婚姻の尊重という立場から婚外子に相続権を否定する見解と、平等原則の下に相続権の差別を否定する見解との妥協として成立した規定」とも指摘される[23]。以上のような見方に従えば、本規定は、典型的な婚姻家族を想定し、婚姻夫婦に嫡出子が存在しているにもかかわらず婚姻外に非嫡出子が存在するような場合を念頭に置いた規定と捉えられることになろう。そうすると、被相続人が1度も婚姻したことがない状態で被相続人の非嫡出子として出生した子について、被相続人がその後婚姻した者との間に出生した嫡出子との関係が問題となった名古屋高裁判決のケースや、被相続人が生前婚姻をしたことがなく、相続人が実子である非嫡出子とこの非嫡出子出生後に縁組をした養子であるような東京高裁判決のケースに本規定を適用することは、そもそも立法の趣旨と適合しないということになる。ただ、このように考えると、立法理由に適合しないケースは他にも種々想定することができる[24]。例えば、大法廷決定は法律婚成立以前に繰返された試婚から非嫡出子が出生したケースであり、既に成立している法律婚を婚外関係が脅かすというようなものではなかった。従って、これに本規定を適用することは立法理由と適合しないとして、適用違憲の判断を下すことも可能だったのではなかろうか[25]。

　確かに、付随的違憲審査制の本質からすれば、適用違憲が制度適合的な違憲判断の方法であるといわれる[26]。しかし、このように立法理由に適合せず適用違憲と判断し得るケースを種々想定できるということは、東京高裁判決がいうように、「そもそもその規定ぶりがその立法目的に照らして広汎過ぎる」ことを示しているといえる。そうであるとすれば、端的に法令違憲の判断に踏み切るべきではないかとも思われる[27]。

　しかし、さらに言えば、典型的な婚姻家族を想定し、婚姻夫婦に嫡出子が存在しているにもかかわらず婚姻外に非嫡出子が存在するような場合のみを念頭に置いて「法律婚の尊重と非嫡出子の保護の調整」という立法理由を掲げること、そして相続に関して嫡出子・非嫡出子という区別を設けることそれ自体が許されるのかということを改めて問う必要があろう。大法廷決定の反対意見や

その後の判例の補足意見・反対意見では、立法事実の変化のみならず、法定相続分に関する嫡出子・非嫡出子の区別そのものが個人の尊厳性と相容れず、本規定が非嫡出子に対するスティグマをもたらすことが指摘されていたことを想起すべきであろう。

Ⅳ. 大阪高裁2011（平成23）年8月24日決定

1. 大阪高裁2011（平成23）年8月24日決定（判時2140号19頁）

　本件は、原審が本規定に基づいて行った遺産分割審判に対する抗告事件である。抗告人（X）は、被相続人（A）が婚姻していなかった時期に出生した非嫡出子であり、Xの母は、その後もAと婚姻しなかった。相手方であるZらは、Xの出生後にAと婚姻した者（B、後に離婚）が産んだ子であり、同じく相手方であるYは、Bとの離婚後に婚姻したAの配偶者であり、AとYとの間に子はない。大阪高裁は、次のように判示した。
　（ⅰ）「本件規定は、法律婚の尊重という立法目的との合理的関連性を欠いており、憲法14条1項、13条及び24条2項に違反して無効であると判断する」。
　（ⅱ）憲法14条1項は、「事柄の性質に即応した合理的な根拠に基づくものでない限り、法的な差別的取扱いを禁止する趣旨である」が、「相続に関する規律については、社会事情、国民感情などの諸事情や婚姻に関する規律等を総合的に考慮する必要があるから、立法裁量の余地は広い」。「しかし、子の法律上の取扱いを嫡出か非嫡出かにより区別することは、本人の意思によっては左右できないことによる区別となる上、非嫡出子の法定相続分を嫡出子の法定相続分より少なくすることは、法が非嫡出子を嫡出子より劣位に置くことを認める結果となり、法が非嫡出子に対するいわれない差別を助長する結果となりかねないことをも考慮すれば、……立法府に与えられた裁量権を考慮しても、その具体的な区別と立法目的との間に合理的関連性が認められるかについて、慎重に検討することが必要である（国籍法に関するものではあるが、最高裁判所平成20年6月4日大法廷判決…参照。…）」。
　（ⅲ）(ア)「被相続人が死亡した平成20年12月27日を基準に考えると……平成

7年決定以後、法制審議会における相続分平等化等を内容とする答申、我が国における婚姻、家族生活、親子関係における実態の変化や国民意識の多様化、市民的及び政治的権利に関する国際規約28条1項により設置される委員会の意見、諸外国における国際的な区別撤廃の進捗等、国内的、国際的な環境の変化が著しく、相続分平等化を促す事情が多く生じているといえる」こと、(イ)「上記国籍法に関する最高裁判決により国籍取得に関する区別が違憲とされ、戸籍や住民票において嫡出・非嫡出を区別しない表示が採用されるようになり、児童扶養手当法施行令が改正されるなど嫡出子と非嫡出子とを区別して取り扱わないことが公的な場面において一般化しつつあるともいえる」こと、(ウ)「その他、抗告人が指摘する条約の規定等［国際人権規約B規約2条1項・24条1項・26条、児童の権利条約2条等－引用者］」をも考慮すれば、「本件の相続開始時においては、法律婚を尊重するとの本件規定の立法目的と嫡出子と非嫡出子の相続分を区別することが合理的に関連するとはいえず、このような区別を放置することは、立法府に与えられた合理的な裁量判断の限界を超えているというべきである」。

　(ⅳ)「なお、裁判により本件規定を違憲無効と宣言すると、法改正をするのとは異なり、既に現行法を前提に解決した遺産分割が再び争われるなど、さまざまな紛争を生じさせかねないという問題も指摘される。しかし、平成7年決定においても、区別の合理性に疑問を呈する意見が述べられ、それ以後本件の相続開始まで13年以上が経過し、非嫡出子が少数者として民主過程における代表を得難いことが明らかになったともいえるから、上記問題を理由に違憲無効との判断を避けるのは相当でない」。

　(ⅴ)「本件規定を合憲とした平成7年決定」その他の最高裁の判例は、「いずれも本件の相続開始よりも8年以上前に開始した相続に関するものであり、本件とは事案を異にする」。

2．検　討

　本決定は、端的に法令違憲の判断を下している。本決定で第1に注目される点は、(ⅰ)において本規定の立法目的を「法律婚の尊重」に限定していることであろう。(ⅱ)で指摘されるように、嫡出子・非嫡出子の区別は本人の意思で

第4章　非嫡出子法定相続分規定の合憲性

は左右できず、しかも法定相続分について非嫡出子を区別することは差別を助長しスティグマをもたらすことにつながりかねない。それ故、本規定における区別の目的を「非嫡出子の保護」の文脈で語ることはできないとの判断があったのであろう（もちろん、大法廷決定の中島他反対意見が（ⅲ）で「立法目的が非嫡出子を保護するものであるというのは、……合理性を欠く」としていたことも考慮されていたであろう）。（ⅰ）で憲法14条１項だけでなく13条・24条２項にも違反しているとするのも、このような判断からであろう。

　（ⅳ）の違憲無効判決のもたらす影響と司法的救済の必要性に関する判断も注目される。大法廷決定以降の判例で、違憲判決のもたらす影響をどう見るかが合憲・違憲を分ける「対立軸」となってきていることは既に述べたが、違憲を主張する深澤反対意見からは、違憲判決が社会的に大きな影響を及ぼすことは避け難く、違憲判決に対応して関係機関が適切な措置をとるべきことは裁判所に違憲審査権を付与したことの当然の帰結であることが、そして、今井反対意見からは、本規定が違憲無効と判断されても本規定を適用した確定判決や確定審判に再審事由があるということにはならず、既に有効に成立した遺産分割の調停や協議の効力が直ちに失われるものではないとして、違憲判決が法的安定性を害する可能性は否定できないが、その程度は著しいものではないことが指摘されていた。学説からも、違憲無効判決が出されても法的安定性を著しく害さない様々な制度が民法上用意されていることが指摘されている[28]。さらに、少数者が民主過程で代表を得難いことは泉反対意見が指摘していたし、「時の経過」の発想は今井反対意見で示唆されていた。（ⅳ）の判示はこれらを踏まえたものといえよう。

　ただ、本判決の論理には、いくつかの問題点もある。具体的な区別と立法目的との間の合理的関連性の有無を検討した（ⅲ）の（ア）では、竹内補足意見の示唆をうけてと思われるが、相続開始日（2008（平成20）年12月27日）を基準日に、大法廷決定以降の「国内的、国際的な環境の変化」を強調する[29]。しかし、ここで示された変化は、国際人権規約Ｂ規約で設置された委員会による意見を除き、既に大法廷決定の大西・園部補足意見、千種・河合補足意見、中島他反対意見で述べられていたことと概ね重なる（法制審議会による相続分平等化の答申は1996（平成８）年であるが、このような動きがその時点に始まるも

のでないことは中島他反対意見（iv-2）参照。諸外国の動向は大西・園部補足意見（ⅰ）・中島他反対意見（iv-1）参照）。また、(ｳ)の条約の規定等の存在も、同様に大法廷決定の補足意見や反対意見で指摘されていたものである（大西・園部補足意見（ⅰ）・中島他反対意見（iv-3）参照）。大法廷決定後の変化を強調し、大法廷決定の合憲という結論を乗り越えようとする意図はわからなくはない。しかし、既に述べたように、大法廷決定は、大西・園部補足意見や千種・河合補足意見も「立法の基礎をなす事実の変化や条約の趣旨等」から本規定の合理性が疑わしいこと（あるいはそのような見方が成り立ち得ること）を認めており、この4人を加えれば、15人中9人の裁判官が本規定の合理性に疑問（ないしはその可能性）を呈するものであった。既にこのような状態にあったにも関わらず、改めて(ｱ)や(ｳ)の点を指摘しても、大法廷決定とは違って本件規定が違憲であるということを論証したことにはなるまい（残った(ｲ)のみでは論証となり得ないだろう）。このように考えると、大法廷決定及びそれ以降の判例との整合性を意識したものと考えられる（ⅴ）も、あまり説得力をもつものではなくなるであろう。

　既に述べたように、大法廷決定後の判例にも、補足意見・反対意見にかかわらず、立法事実の変化に関して大法廷決定後に絞り込んで述べるものがある。その中でも、例えば竹内補足意見は、2000（平成12）年の相続発生日を基準日として、それ以降に限っても非嫡出子の割合が増加していることは我が国の家族観の変化をうかがわせることなどを指摘している。しかし、はたしてそれが以前との差異を明らかにするほどの顕著な変化といえるのかどうか。大法廷決定が本規定を合憲とするものであったことを意識するあまり、それ以後の立法事実の変化等を強調して違憲性を論証しようとするのは、そこで捉えられる事実の評価を恣意的なものとする危険性がある。この点、先に見た東京高裁判決や名古屋高裁判決は、立法事実の変化を立法当時（戦後の民法改正当時）と比較しており、社会状況の変化等をより大きな視点で把握することが可能となろう。なお、東京高裁判決の（ⅱ）(ｳ)ではこれらの変化を「公知の事実」と位置づけ、また、名古屋高裁判決も（ⅲ）(ｲ)に続く部分で、「家族関係や親子関係等に対する国民意識や婚姻関係等の実情」の変化について「公知の事実」という表現を用いて説明しているが、これは、立法事実の変化の顕出方法やその

第4章 非嫡出子法定相続分規定の合憲性

認定に関する疑義を回避する狙いをもつものといえよう[30]。

　本判決でさらに問題となるのは、本規定による区別が不合理であること（立法目的との合理的関連性が認められないこと）の論理的根拠が直接には示されていないことである。確かに（ⅱ）では嫡出子・非嫡出子の区別は本人の意思では左右できず、しかも法定相続分について非嫡出子を区別することは差別を助長する結果となりかねないことが述べられてはいる。しかし、これらは審査を慎重に行うべき理由ではあっても、不合理性の根拠とされているわけではない。立法目的との合理的関連性を欠くことの根拠として示されているのは立法事実の変化の指摘にとどまる（大法廷決定との齟齬を避ける趣旨であろうか）。そうすると、立法事実の変化がなければ、例えば、仮に法制審議会による相続分平等化を内容とする答申が出されていないなど、平等化を促す事情が必ずしも多くなければ、あるいは、公的な場面で嫡出子・非嫡出子を区別して取り扱わないことが一般化していなければ、本規定は合憲であるという結論になるのであろうか。本判決の論理に従えば、そのようになる可能性があるであろう。本判決では（ⅱ）で、具体的な区別と立法目的との間の合理的関連性の有無につき「慎重に検討することが必要」として国籍法違憲判決が参照されているが、実は、国籍法違憲判決自体、国籍法旧3条1項における区別を不合理な差別としたのは、立法事実の変化により準正が「我が国との密接な結び付き」の存在を示すものとはいえなくなったからであり、国籍取得に際し「我が国との密接な結び付きの指標」として準正を用いたこと自体の不合理性を直接の根拠としたものではなかった[31]。

　本規定を平等原則から評価する上で重要なことは、法律婚を尊重するにしても、法定相続分を定めるについて嫡出子・非嫡出子間の区別を設けることがそもそも許されるか否かである。その点を明らかにする論理こそが求められるのであり[32]、ここでの立法事実の変化の指摘は、その論理が広く受け容れられるに至る背景的事情の説明ということになるのではなかろうか。

V. おわりに

　以上、非嫡出子法定相続分規定の合憲性に関する判例の動向を概観し、最近の3つの高等裁判所の判断について若干の検討を行ってきた。
　ところで、「はじめに」で既に述べたように、国籍法違憲判決を契機に最高裁による本規定の合憲判断見直しを予測する見解が表明され、また、本規定について最高裁で改めて判断を迫られることになる旨の指摘が元最高裁判事からなされてきていた。他方、本規定に関する従来の最高裁の立場と国籍法違憲判決の考え方には距離があるとして、最高裁による近日中の合憲判断見直しに懐疑的な見方も示されていた[33]。
　ところが、最近ここにきて、最高裁判所が本規定の合憲性が争われる事案を大法廷に回付するという新たな動きも見られる。このことが2010（平成22）年7月に報じられた[34]のは遺産分割審判に関するものであった。ただ、この事案では和解が成立し、本規定の合憲性に関する大法廷の新たな判断は示されることなく終了している[35]。しかし、今後本規定の合憲性が最高裁で争われるケースが出てくれば、国籍法違憲判決との関係はともかく、大法廷決定やその後の判例からみて相当多くの裁判官が本規定の違憲性を認識している状況にあることからすると、従来の判断とは異なる判断が示される可能性が高いともいえよう。本章で取り上げた高等裁判所による3つの裁判例は、新たな最高裁の判断への「変化の前兆」と位置づけられるものなのかもしれない。

〈注〉
(1) 例えば、村重慶一「国籍法3条1項違憲判決」戸籍時報629号（2008年）81頁。国籍法違憲判決後の最二小決平成21年9月30日（集民231号753頁）の今井裁判官反対意見は、同判決が国籍法旧3条1項の規定を合理的理由のない差別で憲法14条1項に違反すると判断したが、「このことは、……相続分の差別についても妥当する」とする。君塚正臣「民法900条4号但書前段（非嫡出子の相続分）の合憲性」民商法雑誌141巻4・5号（2010年）537頁は今井裁判官の反対意見を支持する。他方、本規定に関する最高裁の立場と国籍法違憲判決の考え方との間には距離があるとする見解として、浮田徹「民法900条4号但書の合憲性が争われた事例」速報判例解説vol.

6（法学セミナー増刊、2010年）25頁、菱沼誠一「非嫡出子相続分の規定（民法第900条第4号ただし書前段）の合憲性について－注目される最高裁大法廷判断－」立法と調査312号（2011年）31頁。また、松本和彦「国籍法3条1項の違憲性」民商法雑誌140巻1号（2009年）81－82頁は、国籍法違憲判決では、非嫡出子という地位が国籍取得の是非を分ける決め手だったわけではなく、しかも、非嫡出子差別問題に踏み込まない姿勢を示しているように見えるとして、「この論点で最高裁が近日中に違憲判断を下すかどうかは、なお不透明」とする。
(2) 滝井繁男『最高裁判所は変わったか　一裁判官の自己検証』（岩波書店、2009年）58頁。
(3) これは、1995（平成7）年の大法廷決定の原審決定である。
(4) 内野正幸「婚外子相続差別と法の下の平等」樋口陽一・野中俊彦編『憲法の基本判例［第2版］』（有斐閣、1996年）53頁参照。なお、学説では違憲説が通説といえるが、民法学説の中には婚姻制度・婚姻家族の保護など視点からの有力な合憲説（例えば、水野紀子「非嫡出子の相続分格差をめぐる憲法論の対立」法学セミナー662号（2010年）4頁以下）もある。学説における合憲説・違憲説の状況については、二宮周平「婚外子の相続分差別は許されるのか（1）－立法趣旨とその後の経過－」戸籍時報614号（2007年）48頁注（1）、二宮「婚外子の相続分差別は許されるのか（3）－相続分差別規定の違憲性（その1）－」戸籍時報618号（2007年）27－28頁注（42）、棚村政行「嫡出子と非嫡出子の平等化」ジュリスト1336号（2007年）36頁注（53）・（54）など参照。
(5) 二宮周平「婚外子の相続分差別は許されるのか（2）－国際比較と判例の展開－」戸籍時報616号（2007年）17頁参照。
(6) 大西・園部補足意見、千種・河合補足意見や広く多数意見について、右近健男「非嫡出子の相続分差別と法の下の平等」平成7年度重要判例解説（ジュリスト1091号、1996年）74頁は、民法「改正作業が並行的に進んでいることから、あえて違憲判決をしなくとも整合性を持たした改正が行われ得ることが念頭にあったのではなかろうか」と指摘する。同様の指摘をするものとして、二宮・前掲論文注（5）17頁など。
(7) 水野・前掲論文注（4）5頁。
(8) 石川健治・大村敦志「最高裁判所民事判例研究」法学協会雑誌114巻12号（1997年）1566頁（大村）。
(9) 例えば、青柳幸一「嫡出性の有無による法定相続分差別」憲法判例百選Ⅰ［第5版］（2007年）65頁。
(10) 吉田克己「非嫡出子の相続分規定は合憲か」家族法判例百選［第7版］（2007年）119頁。大法廷決定の調査官解説は、「本決定多数意見のいう憲法適合性の判断基準……は、いわゆる『合理性の基準』に沿うもの」としつつ、「本件規定は相続制度という民事法の基本制度の基本的な骨格の一部を成す規定であって、特定の行政目的実現のために具体的な基本的人権の行使に当たると目される行為（例えば思想の表

現行為)を直接禁止する規定であるという図式で本件規定をとらえることは困難」とする。「本件規定は、相続制度の基本を定めた一群の規定の一部を成すものであり、右一群の規定は、単一の行政目的から成るものではなく、私人間の様々な諸利益を高い次元で調整して出来上がったもの」で、「右一群の立法目的はあえていえば、私人間のあるいは社会の各分野の様々な利益を調整して相続制度の基本を定立するもの」であり、「本件規定の定立に際して調整された主要な利益は主として法律婚の尊重と非嫡出子の保護であり、これらの利益を調整して出来上がったのが本件規定」であって、「従来の審査基準に係る議論は、限定された目的を有する人権規制立法を前提に立論されたようなところがあるため、本件規定に対してはなじみにくいところもあろう」と述べる(野山宏「民法900条4号ただし書前段と憲法14条1項」法曹時報49巻11号(1997年)3072・3074頁)。

(11) 石川・大村・前掲論文注(8)1545・1549頁(石川)。
(12) 佐藤幸治『日本国憲法論』(成文堂、2011年)211-212頁。
(13) 渡邉泰彦「非嫡出子の相続分をめぐる判例の推移」月報司法書士470号(2011年)27頁。
(14) 初宿正典「平等原則の《《適用》》問題としての非嫡出子相続分差別」阿部照哉先生喜寿記念論文集『現代社会における国家と法』(成文堂、2007年)112頁。
(15) 二宮周平「婚外子の相続分差別と適用違憲判決」戸籍時報656号(2010年)2・11頁。
(16) 渡邉・前掲論文注(13)27頁、浮田・前掲論文注(1)25頁。
(17) 芦部信喜・高橋和之補訂『憲法 第5版』(岩波書店、2011年)376-377頁。なお、これら類型のうち、(B)は実質的には合憲限定解釈のレベルの問題であり、(C)は典型的な処分違憲であるとされる(青柳幸一「法令違憲・適用違憲」芦部信喜編『講座憲法訴訟 第3巻』(有斐閣、1987年)24頁)。適用違憲に関しては、戸松秀典『憲法訴訟[第2版]』(有斐閣、2008年)346頁以下、新正幸『憲法訴訟論[第2版]』(信山社、2010年)438頁以下参照。
(18) 米沢広一「非嫡出子の遺留分減殺請求と憲法14条1項」判例セレクト2010[I](法学教室365号別冊付録、2011年)5頁、高井裕之「遺留分における『嫡出でない子』差別と憲法14条」平成22年度重要判例解説(ジュリスト1420号、2011年)10頁は、東京高裁判決がこの類型に当たるとしているが、名古屋高裁判決も同様であるといってよい。
(19) 米沢・前掲論文注(18)5頁、二宮・前掲論文注(15)7頁。
(20) 二宮・前掲論文注(15)7頁。なお、米沢・前掲論文注(18)5頁は、(ア)のみを理由に適用違憲とするか、結論を法令違憲に変更するか、どちらかの方が論理展開としてはすっきりするが、「このような構成をとったのは、本来は法令違憲としたかったが判例拘束性の視点から適用違憲にとどめた(最高裁が判例変更し法令違憲と判断することを望む)というシグナルを最高裁に送りたかったのかもしれない」とする。

(21) 星野英一『家族法』（放送大学教育振興会、1994年）115頁。
(22) 青柳・前掲論文（9）65頁。
(23) 二宮・前掲論文注（4）「（1）」37-38頁。
(24) 二宮・前掲論文注（15）15頁は、「婚姻解消後に出生した婚外子」についても、適用違憲の余地があるとする。
(25) 内野・前掲論文注（4）54頁、青柳・前掲論文（9）65頁など参照。なお、米倉明「非嫡出子の法定相続分差別は違憲か」法学セミナー490号（1995年）は、「本決定の事案の個性」を強調し、「本件事案には……個性があり、これに着目すると、違憲をいいやすかったとも思える」と指摘する（7・9頁、下線部は原文では傍点）。
(26) 新・前掲書注（17）438頁。
(27) 初宿・前掲論文注（14）は、「本件規定は、非嫡出子が憲法第14条1項後段にいう〈〈社会的身分〉〉に当たるかどうか（筆者はこれを積極的に解するが）は別として、非嫡出子の発生する典型的な場合のみを念頭において非嫡出子を別異に取り扱い、……稀々様々な原因で発生する非嫡出子を、法定相続分につき一律に差別するものであって、法律婚の尊重と非嫡出子の保護という立法目的を実現するための手段としてその合理性を説得的に説明することは到底できない」とする（122頁）。
(28) 渡邉泰彦「非嫡出子の法定相続分差別－民法の立場から」速報判例解説 vol.6（法学セミナー増刊、2010年）111頁、二宮・前掲論文注（15）14頁など。
(29) 植木淳「民法900条4号但書の非嫡出子相続分差別を違憲とした事例」TKCライブラリー速報判例解説 憲法No.52（2012年1月13日掲載）3頁。
(30) ただ、立法事実ないしその変化の顕出方法やその認定も恣意的なものとなる危険性をもつことから、それ自体が論点となり得る。立法事実論については、差し当たり、戸松・前掲書注（17）243頁以下、新・前掲書注（17）565頁以下参照。
(31) この点について、高橋和之は、判旨の論理の「違和感」に触れ、ここで展開されているのは、「目的との関連で言うと、密接な結び付きがあるのは準正の場合だけではない。だから、なぜ違憲かというと、準正だけでは狭すぎて、目的との適合性がないから」という「通常比例原則と言われる理屈」であり、「差別だから合理性がないというよりは、手段適合性がないという問題に帰着してしまった」と指摘する（高橋和之・岩沢雄司・早川眞一郎「［鼎談］国籍法違憲判決をめぐって」ジュリスト1366号（2008年）59-62頁（高橋発言））。石川健治も、国籍法違憲判決について、「平等原則による裁量統制がいつのまにか比例原則によるそれにすり替わっている」とする（石川健治「国籍法違憲大法廷判決をめぐって－憲法の観点から（3・完）」法学教室346号（2009年）11頁。
(32) 木村草太「民法900条4号ただし書前段と平等原則」平成23年度重要判例解説（ジュリスト1440号、2012年）17頁は、「本件規定は、目的自体ないしそこに表示された観念が差別的で許されないとの理由……で違憲とされるべきである」と指摘する。
(33) 前掲注（1）参照。
(34) 朝日新聞2010（平成22）年7月10日。

(35) 最３小決平成23年３月９日民集65巻２号723頁。

［追記］
　最高裁大法廷は、2013（平成25）年９月４日、審理に関わった14人の裁判官の全員一致で本件規定を違憲と判断するに至った（最大決平成25年９月４日民集67巻６号1320頁）。決定要旨は以下のとおりである。なお、この決定をうけて、本件規定は2013（平成25）年法律94号により削除され、非嫡出子の法定相続分は嫡出子と平等となっている。

〈最大決平成25年９月４日民集67巻６号1320頁〉
（１）憲法14条１項適合性の判断基準について
　「憲法14条１項は、法の下の平等を定めており、この規定が、事柄の性質に応じた合理的な根拠に基づくものでない限り、法的な差別的取扱いを禁止する趣旨のものであると解すべきことは、当裁判所の判例とするところである」。
　「相続制度は、被相続人の財産を誰に、どのように承継させるかを定めるものであるが、相続制度を定めるに当たっては、それぞれの国の伝統、社会事情、国民感情なども考慮されなければならない。さらに、現在の相続制度は、家族というものをどのように考えるかということと密接に関係しているのであって、その国における婚姻ないし親子関係に対する規律、国民の意識等を離れてこれを定めることはできない。これらを総合的に考慮した上で、相続制度をどのように定めるかは、立法府の合理的な裁量判断に委ねられているものというべきである。この事件で問われているのは、このようにして定められた相続制度全体のうち、本件規定により嫡出子と嫡出でない子との間で生ずる法定相続分に関する区別が、合理的理由のない差別的取扱いに当たるか否かということであり、立法府に与えられた上記のような裁量権を考慮しても、そのような区別をすることに合理的な根拠が認められない場合には、当該区別は、憲法14条１項に違反するものと解するのが相当である」。
（２）本件規定の憲法14条１項適合性について
（ⅰ）最高裁平成７年７月５日大法廷決定（以下「平成７年大法廷決定」という）は、「本件規定を含む法定相続分の定めが、……遺言による相続分の指定等

第 4 章 非嫡出子法定相続分規定の合憲性

がない場合などにおいて補充的に機能する規定であることをも考慮事情とした上」、前記（1）と「同旨の判断基準の下で、……本件規定につき、『民法が法律婚主義を採用している以上、法定相続分は婚姻関係にある配偶者とその子を優遇してこれを定めるが、他方、非嫡出子にも一定の法定相続分を認めてその保護を図ったものである』とし、その定めが立法府に与えられた合理的な裁量判断の限界を超えたものということはできないのであって、憲法14条1項に反するものとはいえないと判断した」。

「しかし、法律婚主義の下においても、嫡出子と嫡出でない子の法定相続分をどのように定めるかということについては」、前記1で説示した事柄を「総合的に考慮して決せられるべきものであり、また、これらの事柄は時代と共に変遷するものでもあるから、その定めの合理性については、個人の尊厳と法の下の平等を定める憲法に照らして不断に検討され、吟味されなければならない」。

（ii）「昭和22年民法改正時から現在に至るまでの間の社会の動向、我が国における家族形態の多様化やこれに伴う国民の意識の変化、諸外国の立法のすう勢及び我が国が批准した条約の内容とこれに基づき設置された委員会からの指摘、嫡出子と嫡出でない子の区別に関わる法制等の変化、更にはこれまでの当審判例における度重なる問題の指摘等を総合的に考察すれば、家族という共同体の中における個人の尊重がより明確に認識されてきたことは明らかであるといえる。そして、法律婚という制度自体は我が国に定着しているとしても、上記のような認識の変化に伴い、上記制度の下で父母が婚姻関係になかったという、子にとっては自ら選択ないし修正する余地のない事柄を理由としてその子に不利益を及ぼすことは許されず、子を個人として尊重し、その権利を保障すべきであるという考えが確立されてきているものということができる。

以上を総合すれば、遅くともAの相続が開始した平成13年7月当時においては、立法府の裁量権を考慮しても、嫡出子と嫡出でない子の法定相続分を区別する合理的な根拠は失われていたというべきである。

したがって、本件規定は、遅くとも平成13年7月当時において、憲法14条1項に違反していたものというべきである」。

（3）先例としての事実上の拘束性について

「本決定の違憲判断は、Aの相続の開始時から本決定までの間に開始された

他の相続につき、本件規定を前提としてされた遺産の分割の審判その他の裁判、遺産の分割の協議その他の合意等により確定的なものとなった法律関係に影響を及ぼすものではないと解するのが相当である」。

第5章　国籍法3条1項の合憲性と司法的救済

I．はじめに

　2008（平成20）年6月4日、最高裁判所大法廷は、日本人父と外国人母との間に出生した後に父から認知された非嫡出子について、父母の婚姻により嫡出子たる身分を取得した（準正があった）場合に限り届出による日本国籍の取得を認めている国籍法3条1項（1984（昭和59）年法律45号による改正後、2008（平成20）年法律88号による改正前のもの。以下では、単に「法」または「国籍法」ともいう）が憲法14条1項に違反するとし、準正要件を除く国籍法3条1項所定の要件を満たす上告人（原告）に日本国籍の取得を認める2つの判決を下した[1]。この2つの判決はほぼ同一内容であるが、最高裁による8例目の法令違憲判決であるということだけでなく、権利救済方法の点でも「従来にない違憲審査権の行使の在り方を示した面を有する」[2]ものとして注目されている。

　この判決の背景となる問題状況は、以下のとおりである[3]。すなわち、日本国憲法10条は「日本国民たる要件は、法律でこれを定める」と規定し、国籍取得要件の具体的内容を立法に委ねる。これを受けた国籍法は、父母両系血統主義の立場に立ち、「出生の時に父又は母が日本国民であるとき」子は日本国民であると規定するが（2条1号）、ここでいう「父又は母」とは「法律上の父又は母」を意味するものと解されている[4]。従って法律上の婚姻関係から出生した嫡出子は、その父母の一方が外国人であっても他方が日本人であれば、出生により生来的に日本国籍を取得する[5]。非嫡出子の場合は、民法に「その父又は母がこれを認知することができる」（779条）と規定されており、「認知」が法律上の親子関係成立の要件とされている。但し、母子関係は分娩の事実によって当然生ずるものとされ認知を要しないとされているから[6]、日本人母の非嫡出子は、事実上の父が外国人であっても「出生した時に……母が日本国民である」

として生来的に日本国籍を取得することができる。これに対し、日本人父と外国人母との間の非嫡出子の場合、父子関係成立には父の認知が必要となるが、民法上は、認知の効力は出生時に遡り、認知があれば出生時から父子関係が存在するものとして扱われる（784条）。しかし、国籍法においては認知の遡及効は否定され、日本人父の認知があっても、胎児認知の場合（民法783条1項）を除き、「出生の時に父……が日本国民であるとき」という要件をみたさず、生来的に日本国籍を取得することはできないものとされている[7]。

　他方、国籍法3条1項は、「父母の婚姻及びその認知により嫡出子たる身分を取得した子で20歳未満のもの（日本国民であつた者を除く。）は、認知をした父又は母が子の出生の時に日本国民であつた場合において、その父又は母が現に日本国民であるとき、又はその死亡の時に日本国民であつたときは、法務大臣に届け出ることによつて、日本の国籍を取得することができる」と規定し、準正による日本国籍の伝来的取得を認めていた。しかし、ここでは「認知」のほかに「父母の婚姻」による「嫡出子たる身分」の取得が要件とされており、同じく日本人父と外国人母との間の非嫡出子で生後に父から認知された子でも、準正により「嫡出子」の身分が得られれば（以下、適宜「準正子」ともいう）届出により日本国籍が取得できるのに対し、日本人父に配偶者が存在するなどの事情により「父母の婚姻」ができない非嫡出子は、日本国籍を取得することができない。

　このような国籍法制の下では、日本人父と外国人母との間の非嫡出子で生後認知を得ただけの子（以下、適宜「非準正子」ともいう）は、生来的にのみならず、法務大臣の裁量処分である帰化による場合を除いて、伝来的にも日本国籍を取得することができない。これは、父母の一方が外国人である場合、嫡出子か否か、非嫡出子でも母が日本人であるか否か、日本人父により胎児認知されたか否か、事後的に準正により嫡出子たる身分を取得できたか否かという子本人の意思によっては選択できないことを指標とした区別であるとして、憲法14条1項が定める平等原則との適合性が問われてきた[8]。

　ところで、外国人を母とする原告が日本人父による生後認知により国籍法2条1号に基づき生来的に日本国籍を取得したことの確認を求めた訴訟において、最高裁第2小法廷は、「生来的な国籍の取得はできる限り子の出生時に確定的に

決定されることが望ましい」という国籍の安定性（浮動性の防止）を理由に、「子が日本人の父から出生後に認知されたことにより出生時にさかのぼって法律上の父子関係が存在するものとは認めず、出生後の認知だけでは日本国籍の生来的な取得を認めないものとしている」と解される国籍法2条1号は憲法14条1項に違反するものではないとし、原告の上告を棄却した（以下、適宜「2002年判決」ともいう）[9]。この事案では、国籍法3条1項の違憲性も上告理由とされていたが、最高裁は「日本国籍の生来的な取得を主張する上告人の請求が基礎づけられるものではない」と述べ、これを傍論攻撃として退けている。しかし、本判決では、3裁判官が国籍法3条1項で認知のほかに「父母の婚姻」による「嫡出子たる身分」の取得を届出による国籍の伝来的取得の要件としていることの合理性を取り上げ、そのうち亀山裁判官が「合理性には疑問を持って」いるとし、梶谷・滝井両裁判官は「憲法14条1項に違反する疑いが極めて濃い」との補足意見を付していた。補足意見とはいえ、5裁判官中3裁判官が合理性・合憲性に疑いを表明したのであるから、国籍法3条1項に対する「実質的に違憲判決に等しい判断」が示されたものといえる[10]。

　2002年判決により国籍法2条1号における認知の遡及効否定の憲法適合性は、判例上ひとまず確定した。しかし、この判決を受けて、国籍法3条1項が直接問題とされる訴訟で裁判所がその合憲性をどのように判断するか、また、仮にこの規定が違憲であるとして規定全体を無効としてしまえば国籍付与の根拠が失われてしまうが、そのような事態を踏まえ当事者の国籍取得の可否をどのように判断するのかが、問題としてその後に残されてきた。このような中で下されたのが、このたびの最高裁判決であった。

　本章は、国籍法制の沿革、学説の状況、最高裁判決に至る下級審の判断の流れを概観し、違憲審査基準、国籍法3条1項の立法目的、立法目的と手段との合理的関連性、司法的救済の可否などの論点を通して、最高裁大法廷によって下された2008（平成20）年6月4日判決の判断内容（多数意見）について若干の検討を行おうとするものである。

II. 国籍法制の沿革と学説の状況

1. 国籍法制の沿革

　国籍法制の沿革についてはすでに別稿で言及しているが(11)、再度確認しておきたい。

　家族法制が現在とはそもそも異なる以上、同一次元では論じられないが、1950（昭和25）年改正前の国籍法（1899（明治32）年法律66号。以下「旧法」という）は、生来的国籍取得につき父系優先血統主義の立場から「子ハ出生ノ時其父カ日本人ナルトキハ之ヲ日本人トス」（1条前段）と定めると同時に、外国人は、日本人の妻となった場合、日本人の入夫となった場合、日本人の養子となった場合、帰化した場合と並んで、「日本人タル父又ハ母ニ依リテ認知セラレタルトキ」に日本国籍を取得するものとし（5条）、認知による伝来的な日本国籍取得を認めていた。ところが、日本国憲法制定に伴い制定された国籍法（1950（昭和25）年法律147号。以下「新法」という）は、国籍の生来的取得につき父系優先血統主義を維持しつつ（1条1号）、日本人の妻となった場合、日本人の入夫となった場合、日本人の養子となった場合とともに、認知による国籍取得規定をも全面的に削除した。政府は、その提案理由として、旧法における婚姻・離婚・養子縁組・離縁・認知等の身分行為による国籍の変更が憲法24条の精神に合致せず、各国の立法例にならい、国籍取得について妻に夫からの地位独立を認めるとともに、子についても、出生による国籍取得を除き父母からの地位独立を認めることにした旨を述べていた(12)。

　新法は、1985（昭和60）年のいわゆる「女子差別撤廃条約」批准を前にして、1984（同59）年に大改正される（1984（昭和59）年法律45号）。この改正で成立した国籍法では、父系優先血統主義にかえて父母両系血統主義を採用する（2条1号）と同時に、準正よる日本国籍取得の規定が創設された（3条）。また、父母両系血統主義採用により増加することが予想される重国籍を防止・解消するために国籍選択制度が新設され（14～16条）、さらに国籍留保制度適用範囲の拡大（12条）などが行われている。認知と「父母の婚姻」により「嫡出子」たる身分を取得することを届出による国籍取得の要件とする法3条の創設は、認

知のみでは国籍取得が認められないことを明示するものであり、法2条1号の適用について認知の遡及効が否定されることを裏付けるものともなった。

　1984年の国籍法改正に際し、同じく父母の一方が外国人である非嫡出子の間でも、父母のいずれが日本人かで国籍取得に差異を生ずることについては、法務省担当者により、「親子関係により我が国との真実の統合が生ずる場合に国籍を付与する」ことを前提として、「非嫡出子は、正常でない家族関係下における子であって、あらゆる場合に、嫡出子と同様親子の実質的結合関係が生ずるとは言い難いから、嫡出子とは別個の考察が必要である。民法上非嫡出子は母の氏を称し（民法790条2項）、母の親権に服する（民法819条4項）ものとされていることからも明らかなとおり、非嫡出子の父子関係は、母子関係に比して、実質上の結合関係即ち生活の同一性が極めて希薄である」との説明がなされていた[13]。また、国籍法3条1項が準正を国籍取得の要件とすることについては、「日本国民たる親の婚姻により準正された子は、実質的に日本国民の家族に包摂されることによって日本社会と密接な統合関係を生ずる点で、通常、認知した親との生活一体化を欠く非嫡出子と異なること、認知により日本国籍の取得を認めるときは仮装認知のおそれがあること、また、認知による国籍の取得を認める立法例よりも、準正による国籍の取得を認める立法例の方が多いこと」[14]などが指摘されていた。

2．学説の状況

　日本人父と外国人母との間の非嫡出子が父の認知により生来的に日本国籍を取得するか否かについて、通説は、国籍法2条1号の解釈上、認知の遡及効を認めずこれを否定している。別に認知による伝来的国籍取得を認める規定が置かれていた旧法下[15]のみならず、新法下[16]、さらに1984年改正後の国籍法の下[17]においても、この態度は一貫して変わらない。しかし、新法下の少数説として、認知は非嫡出親子関係成立の証明手段であり、出生後になされた認知の証明対象は出生時点の親子関係であるという立場から、民法上認知の遡及効が認められる以上、国籍法上もその遡及効が認められ、出生時に法律上の父子関係が存在するという日本国籍取得の要件を満たすことになるとする見解[18]が存在したし、最近では、婚姻に対する意識の変化や子どもの人権保障・非嫡出子

差別の撤廃への関心の高まりなどを背景として、国籍取得についても認知の遡及効を認めるべきであるとする見解[19]が登場してきていた。

他方、婚姻・養子縁組の場合とともに認知による国籍の伝来的取得の制度を廃止した新法の下においても、「立法論としては、日本人たる父による認知、特に準正の場合には、日本人との婚姻や養子縁組による通常の身分の変動の場合と区別して、当然に、場合によっては出生時まで遡って、日本国籍を付与する方が、血統主義により合致して望ましいとの見解もあろう」[20]との指摘があったが、1984年改正による国籍法3条1項については、当初より「血統主義の主旨を徹底し、認知された子にも準正子と同様に届出による国籍取得を認めた方が均衡のとれたものとなった」[21]との批判が行われていた。近時、国籍法2条1号につき認知の遡及効を否定する論者を含めて、3条については認知のみならず「父母の婚姻」による「嫡出子たる身分」の取得を必要としている点を問題とし、その改正の必要を説く者が多く[22]、さらには、この準正要件を必要としていることを平等原則に反し違憲ないし違憲の疑いがあるとする論者が増大する傾向を見せていた[23][24]。

III. 事実の概要と下級審の判断

1. 事実の概要

Iで述べたように、2008（平成20）年6月4日の大法廷判決は2つあり、それぞれ別の事件について下されたものである（但し、判決の内容はほぼ同一である）。それらの事案の概要は次のとおりである。

① 退去強制令書発付取消等請求事件（平成18年（行ツ）135号）

法律上の婚姻関係にない日本国民である父とフィリピン国籍の母との間に日本で出生した原告が、出生後に父から認知されたことを理由として2003（平成15）年に法務大臣あて国籍取得届を提出したところ、国籍法3条1項の国籍取得要件を満たしておらず日本国籍を取得していないとされた。そこで、認知を受けた非嫡出子について、父母の婚姻があったときに限り日本国籍の取得を認める国籍法3条1項は憲法14条1項に違反して無効であり、原告は準正要件を

第5章　国籍法3条1項の合憲性と司法的救済

満たしていなくとも届出時に日本国籍を取得している、また、原告は国籍法2条1号により出生時に遡って日本国籍を取得しているとして、日本国籍を有することの確認を求めたという事案である[25]（以下、「第1事件」という）。

② 国籍確認請求事件（平成19年（行ツ）164号）

原告ら（9名）は、いずれも法律上の婚姻関係にない日本国民である父とフィリピン国籍の母との間に日本で出生した。原告らが出生後に父から認知を受けたことを理由として2005（平成17）年に法務大臣あて国籍取得届を提出したところ、国籍法3条1項の要件を満たしていないとして、日本国籍取得を認められなかった。そこで、準正を国籍取得の要件とする同項の規定は憲法14条1項に違反するなどとし、届出により日本国籍を取得しているとして、日本国籍を有することの確認を求めたものである[26]（以下、「第2事件」という）。

2．下級審の判断

両事件に関する下級審の判断がどのような経緯をたどったか、以下に概観しておこう[27]。

（1）第1事件第1審判決（東京地判平成17（2005）年4月13日）[28]

第1事件について、東京地裁は（以下、適宜「2005年地裁判決」ともいう）、一方で「法3条1項は、父母と非嫡出子との間に家族としての共同生活が成立しているという点に着目して我が国との結びつきを肯定した規定であり、そのこと自体には一応の合理性が認められる……以上、このような家族としての共同生活の成立が認められない非嫡出子との間には類型的な差異が生じているものといわざるを得ないのであるから、これらの非嫡出子との間に生じている区別を不合理なものであって憲法14条1項に違反すると断ずるだけの根拠はない」としつつ、他方で「法3条1項は、準正子と、父母が法律上の婚姻関係を成立させてはいないが、内縁関係（重婚的なものも含む。）にある非嫡出子との間で、国籍取得の可否について合理的な理由のない区別を生じさせている点において憲法14条1項に違反する」と判示した。その上で、法3条1項の「『父母の婚姻』という文言については、……合憲的解釈という観点から、法律上の婚姻関係に限定されず、内縁関係も含む趣旨であると解することは不可能ではない」

が、「『嫡出子』という文言は、あくまでも父母の間に法律上の婚姻関係が成立していることを当然の前提とした文言であると解せざるを得ないから、法3条1項は、子が『嫡出子』としての身分を取得した場合にのみ国籍取得を認める旨の定めをしている点において一部無効であると解するほかはない（別の言い方をすると、『嫡出子』という文言のうち、『嫡出』の部分は一部無効となるということである。）」とした。

こうして「一部無効とされた後の法3条1項の規定は、父母の婚姻（内縁関係を含む）及びその認知により嫡出子又は非嫡出子たる身分を取得した子について、一定の要件の下に国籍取得を認めた規定と理解すべきこととなるから、このような要件に該当する子については、国籍取得が認められるべきこととなる」とし、原告と父母の間には完全な同居生活の成立は認められないものの、父母の間には「内縁関係の成立が認められ、三者の間には家族としての共同生活と評価するに値する関係が成立している」から、原告は法3条1項による国籍取得の届出により日本国籍を取得したとして、原告の請求を認容した。

（2）第1事件控訴審判決（東京高判平成18（2006）年2月28日）[29]

第1事件の控訴審で、東京高裁は2005年地裁判決を取り消し、被控訴人（原告）の請求を棄却した（以下、適宜「2006年高裁判決」ともいう）。東京高裁は、その理由として、（ⅰ）国籍法3条1項に「出生した後に父から認知を受けたが、父母が婚姻をしないために嫡出子の身分を取得しない子が日本の国籍を取得する制度は規定されていないことは明らか」であること、（ⅱ）国籍法3条1項が違憲無効であるとすれば、「父母の婚姻及び父による認知要件を具備した子において日本の国籍を取得する規定の効力が失われるだけであって、そのことから、……出生した後に父から認知を受けたが、父母が婚姻をしないために嫡出子たる身分を取得しない子が日本の国籍を取得する制度が創設されるわけではな」く、しかも準正子と非準正子との国籍取得における対比そのものが不可能となるのであり、それゆえ、「出生した後に父から認知を受けたが、父母が婚姻をしないために嫡出子たる身分を取得しない子についても、日本の国籍を取得することができると解すべきであるとの主張を前提として、法第3条第1項の違憲無効を主張することは、法理論的に明らかな矛盾を含む」こと、（ⅲ）

国籍法3条1項について「事実上の婚姻関係（内縁関係）を同項が国籍取得の要件として規定している『婚姻』に含まれるとの拡張ないし類推解釈をすることは許されない」し、また、「同項のうち『婚姻』ないし『嫡出子』を要件とする部分だけを違憲無効とし、もって同項を……拡張ないし類推解釈するべきであるとの主張」は、「裁判所に類推解釈ないしは拡張解釈の名の下に国籍法に定めのない国籍取得の要件の創設を求めるものにほかなら」ず、「裁判所がこのような国会の本来的な機能である立法作用を行うことは許されない」ことを挙げ、「仮に法第3条第1項が、憲法第14条第1項に違反し、その一部又は全部が無効であったとしても、そのことから当然に被控訴人が日本国籍を取得することにはならないし、また、被控訴人が法第3条第1項の類推適用ないしは拡張適用によって、日本国籍を取得したということもできない」と判示した。

（3）第2事件第1審判決（東京地判平成18（2006）年3月29日）(30)
　東京地裁は、第2事件について次のように判示した（以下、適宜「2006年地裁判決」ともいう）。すなわち、「国籍法3条1項が準正を国籍取得の要件とした部分は、日本国民を父とする非嫡出子に限って、その両親が婚姻をしない限り、法律上の親子関係が認められても、届出により日本国籍を取得することができないという、非嫡出子の一部に対する大きな区別と不利益をもたらす」。「同項が準正要件を設けた理由は、国籍取得のために、当該非嫡出子と我が国との強い結び付きないし帰属関係の存在を要求し、これを認めるための指標として、日本国民である父との家族関係ないし生活の同一性を想定し、これを法律上の婚姻という要件として定めることによって、法定化したものと考えられる」が、「国籍取得のために子と我が国との強い結び付きないし帰属関係を要求することは、我が国の国籍法上、父母両系血統主義と並び立つような重要な理念であるということはできず」、「また、法律上の婚姻の成否によって、日本国民である父との生活の同一性の有無を一律に判断したり、生活の同一性の有無によって、我が国との強い結び付きや帰属関係の有無を一律に基礎付けることもできず」、「法律婚の尊重、基準の客観性、偽装認知のおそれ及び各国の法制度という観点から見ても、いずれも上記区分を十分合理的に根拠付けることはできない」。それゆえ、「この区別は、合理的な根拠に基づくものであるとはい

えず、憲法14条1項に反する不合理な差別であるといわざるを得ない」。しかし、「国籍法3条1項の要件のうち、……準正要件と……その余の要件については、本来的、論理的には可分なもの」であり、「法律の規定は、できるだけ合憲的に解釈すべきであるから、同項のうち、一部を違憲無効と解することで足りるのであれば、そのように解するにとどめるのが相当であるというべき」ところ、「同法3条1項における中核的な要件は、……日本国民である父又は母から認知された子という部分」であって、「準正要件は、重要ではあるものの、中核的なものではない」と解されるから、「国籍法3条1項のうち、準正要件を定める部分のみを違憲無効と解すべきである」。従って、「国籍法3条1項の規定は、準正要件を定める部分、すなわち条文の文言でいえば、『婚姻及びその』並びに『嫡出』の部分に限って憲法14条1項に違反し、違憲無効であるというべきである」。

こうして、東京地裁は、本件では有効な国籍法3条1項の届出があったとして、日本国籍を有することの確認の請求を認容した。

（4）第2事件控訴審判決（東京高判平成19（2007）年2月27日）[31]

東京高裁は、2006年地裁判決を取り消し、被控訴人ら（原告ら）の請求を棄却した（以下、適宜「2007年高裁判決」ともいう）。東京高裁は、その理由について次のように述べた。すなわち、「法3条1項は、日本人父の子のうち、父の認知と父母の婚姻により嫡出子たる身分を取得した者に対する規定であって、非嫡出子は含まれないものとして成立したもの」で、準正要件を「無効としたところで、同条項に基づき非嫡出子が法務大臣に対する届出により国籍を取得することができるものと解することはできない」し、準正要件のみが「憲法14条1項に違反して無効であるとして、そのことから非嫡出子が認知と届出のみによって日本国籍を取得できるものと解することは、法解釈の名の下に、実質的に国籍法に定めのない国籍取得の要件を創設するものにほかならず、……憲法81条の違憲立法審査権の限界を逸脱するものであって許されない」。また、準正要件が「憲法14条1項に違反して無効であるとすれば、法3条1項全体が憲法14条1項に違反して無効となると解するのが相当」で、「仮に法3条1項が無効とされるとすれば、父母の婚姻及び日本人父による認知の要件を具備した子

が日本国籍を取得できる根拠規定の効力が失われるだけであり、そのことから、出生した後に日本人父から認知を受けたものの、父母が婚姻しないために嫡出子たる身分を取得しない子が日本国籍を取得する制度が創設されるわけではないことも明らかである」。

Ⅳ．最高裁の判断とその検討

第1事件及び第2事件について、2008（平成20）年6月4日に下された最高裁大法廷判決は実質的に同一内容である。そこで示された判断は、合憲性が問題となる区別を、「国籍法3条1項の規定が、日本国民である父の非嫡出子について、父母の婚姻により嫡出子たる身分を取得した者に限り日本国籍の取得を認めていることによって、同じく日本国民である父から認知された子でありながら、父母が法律上婚姻をしていない非嫡出子はその余の同項所定の要件を満たしても日本国籍を取得できないという区別（以下「本件区別」という。）」であると特定し、①本件区別については、これを生じさせた立法目的自体は合理的根拠を有するが、立法目的との間の合理的関連性は失われており、国籍法3条1項の規定は国籍取得について合理性を欠いた過剰な要件を課すものとして、原告らが国籍取得届を提出した時点では憲法14条1項に違反するものとなっていた、②しかし、同項全体を無効とはせず、日本人父と外国人母との間に生まれ生後父から認知された非嫡出子は、父母の婚姻により嫡出子たる身分を取得したという部分を除いた同項所定の要件が満たされれば同項により日本国籍を取得することが認められる、というものであった。

この最高裁判決には、国籍法3条1項が違憲であるとする点では異ならないものの、それは同項が「不十分な」要件しか置いていないという立法不作為状態であり、この違憲状態解消のための合理的拡張解釈により原告らの国籍取得が認められるとする藤田裁判官の意見、非準正子に届出により国籍を付与する規定が存在しないという立法不作為状態が違憲であるとし、原告らの国籍取得は否定する甲斐中裁判官・堀籠裁判官による反対意見（以下、適宜「甲斐中ら反対意見」ともいう）、非準正子に届出による国籍取得を認めないのは立法政策

選択の範囲にとどまり、憲法14条1項に違反するものではなく、原告らに日本国籍取得を認めることはできないとする横尾裁判官・津野裁判官・古田裁判官による反対意見（以下、適宜「横尾ら反対意見」ともいう）のほか、泉裁判官・今井裁判官・那須裁判官・涌井裁判官・田原裁判官・近藤裁判官による補足意見が付されている（那須裁判官・涌井裁判官は今井裁判官補足意見に同調）。

しかし、最高裁の判断として最も重要なのは、いうまでもなく多数意見である。以下では、反対意見等への言及は最小限にとどめ、多数意見について若干の検討を行っていくこととする。

1．違憲審査基準
（1）判　旨

多数意見は、本件区別の合憲性を審査するにあたって、次のように述べる。

（ⅰ）「憲法14条1項は、……事柄の性質に即応した合理的な根拠に基づくものでない限り、法的な差別的取扱いを禁止する趣旨であると解すべきことは、当裁判所の判例とするところである。」

（ⅱ）「憲法10条の規定は、国籍は国家の構成員としての資格であり、国籍の得喪に関する要件を定めるに当たってはそれぞれの国の歴史的事情、伝統、政治的、社会的及び経済的環境等、種々の要因を考慮する必要があることから、これをどのように定めるかについて、立法府の裁量判断にゆだねる趣旨のものであると解される。しかしながら、このようにして定められた日本国籍の取得に関する法律の要件によって生じた区別が、合理的理由のない差別的取扱いとなるときは、憲法14条1項違反の問題を生ずることはいうまでもない。すなわち、立法府に与えられた上記のような裁量権を考慮しても、なおそのような区別をすることの立法目的に合理的な根拠が認められない場合、又はその具体的な区別と上記の立法目的との間に合理的関連性が認められない場合には、当該区別は、合理的な理由のない差別として、同項に違反するものと解されることになる。」

（ⅲ）「日本国籍は、我が国の構成員としての資格であるとともに、我が国において基本的人権の保障、公的資格の付与、公的給付等を受ける上で意味を持つ重要な法的地位でもある。一方、父母の婚姻により嫡出子たる身分を取得す

るか否かということは、子にとっては自らの意思や努力によっては変えることのできない父母の身分行為に係る事柄である。したがって、このような事柄をもって日本国籍取得の要件に関して区別を生じさせることに合理的な理由があるか否かについては、慎重に検討することが必要である。」

(2) 検 討

多数意見は、憲法14条1項の理解について従来の判例を踏襲（判旨（ⅰ））した上で、判旨（ⅱ）において、2002年判決と同様、国籍を「国家の構成員としての資格」と捉え、その得喪に関する要件の定めを立法府の裁量に委ねる。

この点について、憲法学の有力説は、「『子が親の日本国籍を取得する』権利は一定の範囲において是認されるべきもので、それは憲法典に明示されていると否とを問わず、前提にされていると解すべき性質のもの」であり、「国民の具体的範囲は時勢の必要に応じて変わりうるもので、その限り立法政策に委ねられているとみるべきであるが、理論的にいって、憲法典がその存立の基礎とする国家の同一性の基本にかかわる部分であるはずであり、その部分範囲は、個人からみて、日本国籍を取得する権利として構成しうるとみるべきではないか」としている[32]。このような立場からすれば、立法裁量に委ねるとしても、その範囲は大幅に限定され、本来日本国籍の取得が認められるべき者に対してその権利を奪うような規定の仕方をすることは、その限界を逸脱するものとして違憲の疑いが生ずることになろう[33]。

次に、多数意見は、国籍取得に関する法律の要件による区別が合理的理由のない差別的取扱いとなる場合は憲法14条1項違反の問題を生ずるとし、合理的理由の存否を立法目的の合理的根拠の有無、立法目的と当該区別との合理的関連性の有無から判断するものとしている。このような判示から、本件区別の合憲性審査基準として多数意見はいわゆる「合理性の基準」を採用した、との評価も見られる[34]。他方、判旨（ⅲ）で、国籍が基本的人権の保障や公的資格の付与、公的給付等に関わる「重要な法的地位」であること、父母の婚姻が子自らの意思や努力では変更しえない事柄であることを強調し、「慎重に検討することが必要」としていることから、単なる「合理性の基準」ではなく、比較的厳密な違憲審査を行おうとしていると評価する者も多く[35]、また、後述する立法

事実の変化や胎児認知等との区別の検討が行われていることをもって「厳しく審査している」と評価する者もある[36]。

確かに、「国籍法3条1項は、……日本国籍の付与に関し、非嫡出子であるという社会的身分と、日本国民である親が父であるという親の性別により、父に生後認知された非嫡出子を差別するもの」と捉え、「この差別は、差別の対象となる権益が日本国籍という基本的な法的地位であり、差別の理由が憲法14条1項に差別禁止事由として掲げられている社会的身分及び性別であるから、それが同項に違反しないというためには、強度の正当化事由が必要」とし、「国籍法3条1項の立法目的が国にとり重要なものであり、この立法目的と、『父母の婚姻』により嫡出子たる身分を取得することを要求するという手段との間に、事実上の実質的関連性が存することが必要である」とする泉裁判官補足意見は、「厳格な合理性の基準」による審査を主張するものとされ[37]、その泉裁判官補足意見が、自らの意見と「多数意見は、前記差別について、立法目的と手段との間の関連性の点から違憲と解するものであって、基本的な判断の枠組みを共通にするもの」と述べているのであるから、多数意見も単なる「合理性の基準」にとどまらない、より厳格化した基準を採用していると見ることもできなくはない。

しかし、「慎重に検討することが必要」というだけでは裁判所がどの程度の厳格さで検討すべきか明確ではないし、国籍が「重要な法的地位」であることが「慎重な検討」すなわち審査基準の厳格化を促す理由の一つであるならば、国籍得喪要件の設定を立法府の広い裁量事項とする前提自体が疑わしいということにもなりかねない[38]。後述するように立法事実の捉え方はその立場によって異なり、その変化に言及することが直ちに厳格な審査につながるわけでもない[39]。また、胎児認知等との区別の検討も、後に述べるように「本件区別」の不合理性そのものを論証しているのではなく、背景的・付随的な説明にとどまっている。むしろ、「審査基準の設定を前提に本判決を理解しようとするのは、従来の審査基準論にとらわれた考え方」で、多数意見は、「法令の合憲性を支える論拠と違憲性を推定させる論拠をそれぞれ積み上げ、相互に『慎重に検討』しているだけ」であり、「はじめから審査基準の設定に関心がなかった」という見方[40]が正鵠を射ているのかもしれない。

2．国籍法3条1項の違憲性
2－1．国籍法3条1項の立法目的
（1）判　旨

　前述のとおり、多数意見は、本件区別の合憲性を審査するにあたり、その合理的理由の存否を立法目的の合理的根拠の有無、立法目的と当該区別との合理的関連性の有無から判断する。まず、立法目的の合理的根拠の有無について、次のように判示する。

　（ⅰ）「国籍法3条の規定する届出による国籍取得の制度は、……日本国民である父と日本国民でない母との間に出生した嫡出子が生来的に日本国籍を取得することとの均衡を図ることによって、同法の基本的な原則である血統主義を補完するものとして……設けられたものである。」

　（ⅱ）「日本国民を血統上の親として出生した子であっても、日本国籍を生来的に取得しなかった場合には、その後の生活を通じて国籍国である外国との密接な結び付きを生じさせている可能性があるから、国籍法3条1項は、同法の基本的な原則である血統主義を基調としつつ、日本国民との法律上の親子関係の存在に加え我が国との密接な結び付きの指標となる一定の要件を設けて、これらを満たす場合に限り出生後における日本国籍の取得を認めることとしたものと解される。このような目的を達成するため準正その他の要件が設けられ、これにより本件区別が生じたのであるが、本件区別を生じさせた上記の立法目的自体には、合理的な根拠があるというべきである。」

（2）検　討

　多数意見は、血統主義を国籍法の基本的原則とし、同法3条が定める届出による国籍取得制度をこの血統主義を補完するものと位置づけ、国籍法3条1項の立法目的を「同法の基本的な原則である血統主義を基調としつつ、日本国民との法律上の親子関係の存在に加え我が国との密接な結び付きの指標となる一定の要件を設けて、これらを満たす場合に限り出生後における日本国籍の取得を認めることとしたもの」と捉えて、「準正その他の要件」を設けた立法目的自体には合理的根拠があるとしている。

　まず、この判示内容の特徴として、仮装認知の防止を立法目的として取り上

げていないことが挙げられよう。むしろ、後述するように、準正要件と仮装認知による国籍取得の防止との間には合理的関連性がないというのが多数意見の立場である。このことは、Ⅱの「1．国籍法制の沿革」で確認したように、国籍法3条創設の際、準正を国籍取得要件とする理由の一つに仮装認知のおそれのあることが指摘されていたこととの対比において、注目に値する[41]。

しかし問題となるのは、合理的根拠があるとされた立法目的の捉え方そのものであろう。

多数意見は、届出による国籍取得のために「法律上の親子関係の存在」のほかに「我が国との密接な結び付きの指標となる一定の要件」を求めている。これに対し、2002年判決は、国籍法2条1号を、「単なる人間の生物学的出自を示す血統を絶対視するものではなく、子の出生時に日本人父又は母と法律上の親子関係があることをもって我が国と密接な関係があるとして国籍を付与しようとするもの」と捉えている。ともに「我が国との密接な」結び付きないし関係を求めながら、2002年判決ではそれは「法律上の親子関係」で足りるとするのに対し、本件では「法律上の親子関係」では足りずそれ以外の「一定の要件」（具体的には「準正その他の要件」）を満たすことが必要であるとしている。

生来的国籍取得の場合と届出により国籍を取得する場合とで、何故要件が異なるのか。その理由として、多数意見は、「日本国民を血統上の親として出生した子であっても、日本国籍を生来的に取得しなかった場合には、その後の生活を通じて国籍国である外国との密接な結び付きを生じさせている可能性がある」とする。しかし、「その後の生活を通じて……外国との密接な結び付きを生じさせている可能性」があるのは、「非準正子」に限られるわけではない。他方、日本人父から胎児認知を受けた場合や日本人母の非嫡出子の場合には「法律上の親子関係」以上の「我が国との密接な結び付き」が要求されることなく、生来的に国籍を取得できてしまう。これらのことからすれば、血統主義を基本原則としながら、日本人父と外国人母との間に生まれ日本人父から生後認知された非嫡出子にだけ、「法律上の親子関係」のほかに「我が国との密接な結び付きの指標」として「準正その他の要件」を課すという立法目的の合理性自体が疑わしいと思われる[42]。それにもかかわらず、多数意見がこのあたりを問題とせずに立法目的を合理的とすることについては、「類型」の違い、すなわち、「生来

的な国籍取得、つまり生まれた瞬間に国籍を取得する場合と、伝来的な国籍取得、つまり生まれた後に国籍を取得する場合とではそもそも仕組みが違うというのが、最高裁の考え方の前提にあるのではないか」[43]、との指摘がある。ただ、そうなると、出生時の前後という分け方自体が人為的なものにすぎないのに、「人為的に作った枠組みを前提に、枠組みが違うから差別の問題にならないというのも、必ずしも納得のいく議論では」ない[44]との新たな疑問が提起されることになる。

2006年地裁判決は、前述のように、国籍法3条1項が「準正要件を設けた理由は、国籍取得のために、当該非嫡出子と我が国との強い結び付きないし帰属関係の存在を要求し、これを認めるための指標として、日本国民である父との家族関係ないし生活の同一性を想定し、これを法律上の婚姻という要件として定めることによって、法定化したものと考えられる」が、「国籍取得のために子と我が国との強い結び付きないし帰属関係を要求することは、我が国の国籍法上、父母両系血統主義と並び立つような重要な理念であるということはでき」ないとしていた。このことも踏まえれば、多数意見には、日本国籍取得にあたり、日本人父と外国人母との間に生まれ日本人父から生後認知された非嫡出子だけが、何故に「法律上の親子関係」のほかに「我が国との密接な結び付きの指標」が必要とされ、そのために「準正その他の要件」が課されることになるのかについて、より説得的な議論を展開することが期待されていたというべきだろう。

2－2．国籍法3条1項の立法目的と手段との合理的関連性
（1）判　旨
多数意見は、上述のように、本件区別を生じさせた国籍法3条1項の立法目的自体には合理的根拠があるとしたが、この立法目的と手段との合理的関連性は失われているとする。その説くところは、次のとおりである。

（ⅰ）「国籍法3条1項の規定が設けられた当時の社会通念や社会的状況の下においては、日本国民である父と日本国民でない母との間の子について、父母が法律上の婚姻をしたことをもって日本国民である父との家族生活を通じた我が国との密接な結び付きの存在を示すものとみることには相応の理由があった

ものとみられ、当時の諸外国における……国籍法制の傾向にかんがみても、同項の規定が認知に加えて準正を日本国籍取得の要件としたことには、上記の立法目的との間に一定の合理的関連性があったものということができる。」

（ⅱ）「しかしながら、その後、我が国における社会的、経済的環境等の変化に伴って、夫婦共同生活の在り方を含む家族生活や親子関係に関する意識も一様ではなくなってきており、今日では、出生数に占める非嫡出子の割合が増加するなど、家族生活や親子関係の実態も変化し多様化してきている。このような社会通念及び社会的状況の変化に加えて、近年、我が国の国際化の進展に伴い国際的交流が増大することにより、日本国民である父と日本国民でない母との間に出生する子が増加しているところ、両親の一方のみが日本国民である場合には、同居の有無など家族生活の実態においても、法律上の婚姻やそれを背景とした親子関係の在り方についての認識においても、両親が日本国民である場合と比べてより複雑多様な面があり、その子と我が国との結び付きの強弱を両親が法律上の婚姻をしているか否かをもって直ちに測ることはできない。これらのことを考慮すれば、日本国民である父が日本国民でない母と法律上の婚姻をしたことをもって、初めて子に日本国籍を与えるに足りるだけの我が国との密接な結び付きが認められるものとすることは、今日では必ずしも家族生活等の実態に適合するものということはできない。

また、諸外国においては、非嫡出子に対する法的な差別的取扱いを解消する方向にあることがうかがわれ、我が国が批准した市民的及び政治的権利に関する国際規約及び児童の権利に関する条約にも、児童が出生によっていかなる差別も受けないとする趣旨の規定が存する。さらに、国籍法３条１項の規定が設けられた後、自国民である父の非嫡出子について準正を国籍取得の要件としていた多くの国において、今日までに、認知等により自国民との父子関係の成立が認められた場合にはそれだけで自国籍の取得を認める旨の法改正が行われている。

以上のような我が国を取り巻く国内的、国際的な社会的環境等の変化に照らしてみると、準正を出生後における届出による日本国籍取得の要件としておくことについて、前記の立法目的との間に合理的関連性を見いだすことがもはや難しくなっているというべきである。」

（ⅲ）国籍法2条1号により、「日本国民である父又は母の嫡出子として出生した子はもとより、日本国民である父から胎児認知された非嫡出子及び日本国民である母の非嫡出子も、生来的に日本国籍を取得することとなるところ、同じく日本国民を血統上の親として出生し、法律上の親子関係を生じた子であるにもかかわらず、日本国民である父から出生後に認知された子のうち準正により嫡出子たる身分を取得しないものに限っては、生来的に日本国籍を取得しないのみならず、同法3条1項所定の届出により日本国籍を取得することもできないことになる。このような区別の結果、日本国民である父から出生後に認知されたにとどまる非嫡出子のみが、日本国籍の取得について著しい差別的取扱いを受けているものといわざるを得ない。

日本国籍の取得が、前記のとおり、我が国において基本的人権の保障等を受ける上で重大な意味を持つものであることにかんがみれば、以上のような差別的取扱いによって子の被る不利益は看過し難いものというべきであり、このような差別的取扱いについては、前記の立法目的との間に合理的関連性を見いだし難いといわざるを得ない。とりわけ、日本国民である父から胎児認知された子と出生後に認知された子との間においては、日本国民である父との家族生活を通じた我が国社会との結び付きの程度に一般的な差異が存するとは考え難く、日本国籍の取得に関して上記の区別を設けることの合理性を我が国社会との結び付きの程度という観点から説明することは困難である。また、父母両系血統主義を採用する国籍法の下で、日本国民である母の非嫡出子が出生により日本国籍を取得するにもかかわらず、日本国民である父から出生後に認知されたにとどまる非嫡出子が届出による日本国籍の取得すら認められないことには、両性の平等という観点からみてその基本的立場に沿わないところがあるというべきである。」

（ⅳ）上記の（ⅱ）（ⅲ）の「事情を併せ考慮するならば、国籍法が、同じく日本国民との間に法律上の親子関係を生じた子であるにもかかわらず、上記のような非嫡出子についてのみ、父母の婚姻という、子にはどうすることもできない父母の身分行為が行われない限り、生来的にも届出によっても日本国籍の取得を認めないとしている点は、今日においては、立法府に与えられた裁量権を考慮しても、我が国との密接な結び付きを有する者に限り日本国籍を付与す

るという立法目的との合理的関連性の認められる範囲を著しく超える手段を採用しているものというほかなく、その結果、不合理な差別を生じさせているものといわざるを得ない。」

（ⅴ）確かに国籍法８条１号所定の簡易帰化による国籍取得のみちもあるが、「帰化は法務大臣の裁量行為であり、同号所定の条件を満たす者であっても当然に日本国籍を取得するわけではないから、これを届出による日本国籍の取得に代わるものとみることにより、本件区別が前記立法目的との間の合理的関連性を欠くものでないということはではない。」

また、仮装認知による国籍取得の問題についていえば、「そのようなおそれがあるとしても、父母の婚姻により子が嫡出子たる身分を取得することを日本国籍取得の要件とすることが、仮装行為による国籍取得の防止の要請との間において必ずしも合理的関連性を有するものとはいい難く」、上記（ⅳ）の「結論を覆す理由とすることは困難である」。

以上のように述べた上で、結論として、次のように判示した。

（ⅵ）「以上によれば、本件区別については、これを生じさせた立法目的自体に合理的な根拠は認められるものの、立法目的との間における合理的関連性は、我が国の内外における社会的環境の変化等によって失われており、今日において、国籍法３条１項の規定は、日本国籍の取得につき合理性を欠いた過剰な要件を課するものとなっているというべきである」。しかも、本件区別については、前記（ⅲ）で述べた「他の区別も存在しており、日本国民である父から出生後に認知されたにとどまる非嫡出子に対して、日本国籍の取得において著しく不利益な差別的取扱いを生じさせているといわざるを得ず、国籍取得の要件を定めるに当たって立法府に与えられた裁量権を考慮しても、この結果について、上記の立法目的との間において合理的関連性があるものということはもはやできない。

そうすると、本件区別は、遅くとも上告人が法務大臣あてに国籍取得届を提出した当時には、立法府に与えられた裁量権を考慮してもなおその立法目的との間において合理的関連性を欠くものとなっていたと解される。

したがって、上記時点において、本件区別は合理的な理由のない差別となっていたといわざるを得ず、国籍法３条１項の規定が本件区別を生じさせている

第5章　国籍法3条1項の合憲性と司法的救済

ことは、憲法14条1項に違反するものであったというべきである。」

(2) 検　討

　多数意見は、国籍法3条1項が設けられた当時は、準正要件と立法目的との間には合理的関連性があったが（判旨（ⅰ））、原告らが国籍取得届を提出した当時には立法目的との間の合理的関連性を欠いていたとし、その時点で国籍法3条1項の規定が本件区別を生じさせていることは憲法14条1項に違反するとしている。判旨（ⅴ）において簡易帰化制度の存在や偽装行為による国籍取得防止が合理的関連性を肯定するものではないことが述べられているが、それは付加的なものにとどまり、主たる理由となっているのは判旨（ⅱ）と（ⅲ）のようである（判旨（ⅳ））。ただ、判旨（ⅲ）が指摘する非準正子と嫡出子として出生した子や日本人父から胎児認知された子、さらに日本人母の非嫡出子との間に存在する差別的取扱いはあくまで「他の区別」であって（判旨（ⅵ））、「本件区別」そのものに関するものではない。その意味で、多数意見が立法目的との合理的関連性が失われているとする最大の理由は判旨（ⅱ）にあるというべきであろう。

　判旨（ⅱ）は立法事実の変化を指摘するものであり、立法事実を考慮に入れた司法審査は事実に基づいた審査をもたらすものとして、多数意見を高く評価する論者もいる[45]。さらには、多数意見が展開しているのは単なる立法事実論ではなく、「『我が国における社会的、経済的環境等の変化』に伴う『夫婦共同生活の在り方を含む家族生活や親子関係に関する意識』の多様化という、『社会通念』の変化」、「準正の有無によって、国籍を付与するに足る『我が国との密接な結び付き』を判断する現行法の立場は、もはや共同体レヴェルでの法的確信によって支えられていない」という「〈国民の規範意識〉のレヴェルでの事情変更」が結論を左右しているとの評価もある[46]。しかし、意識や社会通念の変化という立法事実の把握が実証的裏づけのないところでなされれば、それは「水掛け論」に終始することになる[47]。現に本判決でも、横尾ら反対意見は立法事実について多数意見とは正反対の評価を下していた。結局、立法事実論は、最終的にはどのような価値観で社会的事実の変化を評価するかにかかることになるのであり、これを合理的関連性の有無を判断する決め手とすることには疑問

があるというべきだろう$^{(48)}$。

　多数意見が不合理な差別としたのは、立法事実の変化により準正が「我が国との密接な結び付き」の存在を示すものとはいえなくなったからであり、逆にいえば、現在でも父母の婚姻が日本国民である父との家族生活を通じた我が国との密接な結び付きの存在を示すという機能を果たすのであれば、依然として立法目的との合理的関連性を有する合憲なものとの評価を受けることになるはずである$^{(49)}$。実際、多数意見は、国籍法3条1項制定当初、日本人父と外国人母との非嫡出子のうち父から生後認知された子が父母の婚姻により嫡出子たる身分を取得しない限り日本国籍を取得できないことを、立法目的との間に一定の合理的関連性があったと簡単に承認している（判旨（ⅰ））。しかし、すでに述べたように、国籍法3条1項の合理性に対する疑問は制定当初から存在していた$^{(50)}$。重要なのは、なぜ準正子には国籍取得が認められ、非準正子にはそれが認められないのかである。国籍取得を認めるために「我が国との密接な結び付きの指標」を設けることが必要だったとして、その立法目的を達成する手段がなぜ準正でなければならなかったのか、準正以外に他の手段がなかったのかを「慎重に検討する」必要があったというべきであろう$^{(51)}$。

　その意味では、判旨（ⅲ）で「他の区別」と位置付けられた、非準正子と嫡出子として出生した子や日本人父から胎児認知された子、さらに日本人母の非嫡出子との間に存在する差別も重要である。非準正子（非嫡出子のまま）と準正子（嫡出子の身分を取得）との線引きを突き詰めれば、それは非嫡出子と嫡出子との線引きの問題につながり、さらには父母のいずれが日本人かという性別の問題にもつながることになるからである。

　それでは、なぜ多数意見がそれら差別を正面から取り上げず、「他の区別」とするにとどめることになったのか。この点については、2002年判決との「整合性の確保」と「救済のための便宜」ということが指摘されている。すなわち、2002年判決での問題が生来的国籍取得で本件とは争点が異なるとしても、そこで問われていたのは「他の区別」の合理性であり、「もし本判決でも『他の区別』を正面から取り上げていたら、平成14年判決の基礎に打撃を与えかねなかった。それで『本件区別』の不合理性を際立たせるための付随的区別と見なすにとどめた」というのであり、また、後に見るように「『直接的な救済のみちを

開く』ことができたのは、本判決が『本件区別』に焦点を合わせ、非準正子と準正子の平等に的を絞ったから」で、「話が『他の区別』にまで広がっていたら司法的救済は難しかった」というのである(52)。

ところで、多数意見は「国籍法3条1項の規定が本件区別を生じさせていることは、憲法14条1項に違反する」とする（判旨(vi)）。ここで違憲とされているのは「国籍法3条1項の規定が本件区別を生じさせていること」であり、直接的に同項の準正要件部分が違憲であると述べているわけではない(53)。その点で、曖昧さを含んだ分かりにくい判示であるが、立法当初、「認知に加えて準正を日本国籍取得の要件としたこと」には「立法目的との間に一定の合理的関連性」があった（判旨(i)）が、「準正を出生後における届出による日本国籍取得の要件としておくこと」が「立法目的との間に合理的関連性を見いだすことがもはや難しく」なり（判旨(ⅱ)）、同項が「日本国籍の取得につき合理性を欠いた過剰な要件を課するもの」となった（判旨(vi)）というのであるから、「合理性を欠いた過剰な要件」は「準正」要件であり、それが「本件区別」を生じさせているものとして違憲であるとしたと理解すべきであろう。本判決は、国籍法3条1項の「規定の一部である準正要件につき法令違憲の判断をしたもの」(54)と位置づけられることになる。

なお、判旨(ⅱ)で国際人権規約や児童の権利条約に言及されていることについては、「条約の存在を合理的関連性を否定する一根拠としたことは注目に値する」(55)との評価も見られるが、「あくまで内外の社会的環境等の変化に関する一事情として考慮した」(56)にとどまっており、直接に条約違反を引き出しているわけではない。

また、同じく判旨(ⅱ)で諸外国の立法状況が述べられている点については、日本と同じく血統主義を採用しかつ認知制度のある国と比較するのでなければ意味がない、との批判がある(57)。

3．司法的救済の可否

（1）判　旨

国籍法3条1項が定める準正要件が違憲であるとしても、原告らの日本国籍取得が認められるか否かは別の問題である。この点について、多数意見は次の

ように判示する。

（ⅰ）「国籍法3条1項の規定が本件区別を生じさせていることは、遅くとも上記時点以降において憲法14条1項に違反するといわざるを得ないが、国籍法3条1項が日本国籍の取得について過剰な要件を課したことにより本件区別が生じたからといって、本件区別による違憲の状態を解消するために同項の規定自体を全部無効として、準正のあった子（以下「準正子」という。）の届出による日本国籍の取得をもすべて否定することは、血統主義を補完するために出生後の国籍取得の制度を設けた同法の趣旨を没却するものであり、立法者の合理的意思として想定し難いものであって、採り得ない解釈であるといわざるを得ない。そうすると、準正子について届出による日本国籍の取得を認める同項の存在を前提として、本件区別により不合理な差別的取扱いを受けている者の救済を図り、本件区別による違憲の状態を是正する必要があることになる。」

（ⅱ）「このような見地に立って是正の方法を検討すると、憲法14条1項に基づく平等取扱いの要請と国籍法の採用した基本的な原則である父母両系血統主義とを踏まえれば、日本国民である父と日本国民でない母との間に出生し、父から出生後に認知されたにとどまる子についても、血統主義を基調として出生後における日本国籍の取得を認めた同法3条1項の規定の趣旨・内容を等しく及ぼすほかはない。すなわち、このような子についても、父母の婚姻により嫡出子たる身分を取得したことという部分を除いた同項所定の要件が満たされる場合に、届出により日本国籍を取得することが認められるものとすることによって、同項及び同法の合憲的で合理的な解釈が可能となるものということができ、この解釈は、本件区別による不合理な差別的取扱いを受けている者に対して直接的な救済のみちを開くという観点からも、相当性を有するものというべきである。」

（ⅲ）「上記の解釈は、本件区別に係る違憲の瑕疵を是正するため、国籍法3条1項につき、同項を全体として無効とすることなく、過剰な要件を設けることにより本件区別を生じさせている部分のみを除いて合理的に解釈したものであって、その結果も、準正子と同様の要件による日本国籍の取得を認めるにとどまるものである。この解釈は、日本国民との法律上の親子関係の存在という血統主義の要請を満たすとともに、父が現に日本国民であることなど我が国と

第5章　国籍法3条1項の合憲性と司法的救済

の密接な結び付きの指標となる一定の要件を満たす場合に出生後における日本国籍の取得を認めるものとして、同項の規定の趣旨及び目的に沿うものであり、この解釈をもって、裁判所が法律にない新たな国籍取得の要件を創設するものであって国会の本来的な機能である立法作用を行うものとして許されないと評価することは、国籍取得の要件に関する他の立法上の合理的な選択肢の存在を考慮したとしても、当を得ないものというべきである。」

（iv）「したがって、日本国民である父と日本国民でない母との間に出生し、父から出生後に認知された子は、父母の婚姻により嫡出子たる身分を取得したという部分を除いた国籍法3条1項所定の要件が満たされるときは、同項に基づいて日本国籍を取得することが認められるというべきである。」

（2）検　討

特定の法律条項や具体的処分が平等原則違反と判断される場合の判断方式については学説上の対応が未だ十分ではないが[58]、一般的にいえば、「平等違反を除去する方法が複数存在する場合、その選択は立法者の権限に属すると考えられ、合憲補充解釈によって裁判所がこの選択を先取りすることは、司法による政策選択・立法となり許されない」[59]とされ、「非嫡出子への国籍付与の問題についても立法政策上複数の選択肢があ」り、「原則的には合憲補充解釈による国籍確認を認めるのは困難ではないか」との指摘[60]がなされてきた。

本判決では、違憲とする点では多数意見と同様ながら、「違憲となるのは、非準正子に届出により国籍を付与するという規定が存在しないという立法不作為の状態」であり、国籍法3条1項の規定自体……は、準正子に届出により国籍を付与する旨の創設的・授権的規定であって、何ら憲法に違反するところはな」く、「立法上複数の合理的な選択肢がある場合」の「違憲状態の解消は国会にゆだねるべきである」とする甲斐中ら反対意見[61]、国籍法3条1項を合憲とし、「仮に非準正子に届出による国籍取得を認めないことが違憲であるとしても」、「非準正子が届出により国籍を取得することができないのは、これを認める規定がないからであって、国籍法3条1項の有無にかかわるものではな」く、それにもかかわらず国籍を付与するとすれば、それは「創設的権利・利益付与規定」である「国籍法が現に定めていない国籍付与を認めるものであって、実質

的には立法措置である」とする横尾ら反対意見は、原告らの国籍取得を否定していていた。これに対して、藤田裁判官は、「違憲の結果が生じているのは、……『不十分な』要件しか置いていないから」で、違憲状態解消は「『不十分な』部分を補充すること」によって行われねばならず、「立法府が既に示している基本的判断に抵触しない範囲で、司法権が現行法の合理的拡張解釈により違憲状態の解消を目指すこと」は「立法者の合理的意思」に反しないとして、原告らに対する国籍取得を是認する。また、多数意見は、上に見たように、国籍法３条１項の規定全部を無効として準正子についてまで国籍取得を否定することは「立法者の合理的意思として想定し難い」とし、「合憲的で合理的な解釈」により、非準正子についても、「血統主義を基調として出生後における日本国籍の取得を認めた同法３条１項の規定の趣旨・内容を等しく及ぼ」し、「父母の婚姻により嫡出子たる身分を取得したことという部分を除いた同項所定の要件が満たされる場合に、届出により日本国籍を取得することが認められる」として原告らの国籍取得を認めている。

　国籍取得の可否という司法的救済に関する以上のような立場の相違は、何に由来するか。この点を長谷部恭男は、「ベースライン」という概念を用いて説明する。長谷部によれば、「法廷意見の想定したベースラインは国籍法３条１項を設けた区別の合憲性を審査する際に判断の物差しとして機能するだけでなく、区別が違憲とされた際にいかなる救済が与えられるべきかをも指示している」。「法廷意見の論理の前提」は、原告が「国籍取得届を提出した当時における国籍取得要件のベースラインは、日本国民たる父の非嫡出子に関しては、その父母が婚姻しているか否かにかかわらず、届出によって日本国籍の取得を認めるというものでなければならないというもの」である。「本件区別は、このベースラインから、父母の婚姻という非嫡出子本人の意思や努力によっては動かし難い身分行為を国籍取得の要件としている点で乖離しており、しかもその結果は、基本的人権の保障等に重大な意味を有する国籍を取得しないという深刻な不利益を課すもの」で、「当該ベースラインからの乖離に合理的関連性は認め難いという結論が、ここから帰結する」し、「不合理な差別によって権利・利益の侵害を受けている者にいかなる救済を与えるかを判断する際には、違憲判断によって復帰すべきベースラインが何かを見定めることができるか否かが主要な前提

第 5 章　国籍法 3 条 1 項の合憲性と司法的救済

問題」となっているとする。その意味では、藤田意見は多数意見と同一のベースラインを前提とするものであるが、横尾ら反対意見、甲斐中ら反対意見は、「日本国籍を付与する旨の明示の法令が存在しない限り、日本国籍を取得することはできないという状態がベースラインであるとの前提がとられて」おり、国籍法規定が「創設的・授権的」性格を持つという論拠は、結論を導く上で大きな役割は果たしていないとする(62)。

　長谷部のいう「ベースライン」は、多数意見が用いる「立法者の合理的意思」と重なるものであろう。「立法者」の意思といっても、現実の国会そのものの意思というわけではありえない。それは「合理的」意思であって、憲法とその下に成立した法律が採用する基本原則を裁判所としてどう捉えるかという裁判所自身が想定するあるべき「立法者の意思」、長谷部の言に従えば「法廷意見の想定するあるべき制度形態」(63)であり、それは要するに、規定のそもそもの趣旨・内容を裁判所としてどのように把握するかということであろう(64)。多数意見は、「憲法14条1項に基づく平等取扱いの要請と国籍法の採用した基本的な原則である父母両系血統主義とを踏まえれば、日本国民である父と日本国民でない母との間に出生し、父から出生後に認知されたにとどまる子についても、血統主義を基調として出生後における日本国籍の取得を認め」る（判旨（ⅱ））ことをそもそもの法の趣旨と捉えてそれを「論理の前提」としたのに対し、反対意見はそうは捉えなかったということである(65)。但し、多数意見が国籍法の趣旨をそのように捉えたのだとすると、なぜ立法当初から立法目的との合理的関連性が失われていたとすることができないのか、なぜ立法目的として「法律上の親子関係の存在」以外に「我が国との密接な結び付きの指標」が必要とされるということになるのか、という問題に戻らざるを得ないことになる。

　ところで、2006年地裁判決は、「国籍法3条1項の規定は、準正要件を定める部分、すなわち条文の文言でいえば、『婚姻及びその』並びに『嫡出』の部分に限って憲法14条1項に違反し、違憲無効」と明言していたが、多数意見は、2－2で述べたように「過剰な要件」となっている準正要件部分を違憲と判断したと解されるものの、「国籍法3条1項につき、同項を全体として無効とすることなく、過剰な要件を設けることにより本件区別を生じさせている部分のみを除いて合理的に解釈した」という言い方をしていて（判旨（ⅲ））、当該部分を

「違憲無効」と断じているわけではない。しかし、2006年地裁判決といえども、準正要件を法の規定から取り除いてしまったわけではなく（もともと司法権の行いうることではない）、あくまで違憲無効と考えられる部分をないものとして国籍法3条1項を解釈するというものであろう。他方、多数意見も、国籍法3条1項の「父母の婚姻により嫡出子たる身分を取得した」という部分を除く要件が満たされたときに同項に基づき日本国籍の取得を認める（判旨（ⅱ）（ⅳ））というのは、「過剰な要件を設けることにより本件区別を生じさせている部分」を除いて解釈したものであるというのであるから、それをないものとして解釈したということに等しい。多数意見は、2006年判決と同様、一部違憲無効の判断の下に原告らの国籍取得を認めたといえよう[66]。

　本判決が一部違憲無効の判決であるとして、次に問題となるのは、そもそもこのような手法を採ることが許されるか、ということである。立法過程から見ると、準正を国籍法3条1項の届出による国籍取得の要件とすることは間違いなく立法者の意思であり、これを違憲とすることは立法者意思そのものの排除であるから、同項全体が違憲無効となるべきであり、準正要件のみを無効とすることは立法者意思の事後的な変更、司法による立法作用に当たり許されない、との見方も成り立ちうる。アメリカ憲法判例においては「可分性（separability）の理論」[67]として取り上げられる問題だとされるが、一部違憲無効という手法を採用した多数意見は、国籍法3条1項において準正要件を可分なものと見たということになる（そのような見方を端的に説明しているのは今井裁判官補足意見である）。しかし、このような手法の採用は時に司法による恣意的解釈につながる危険性も否定できない。泉裁判官補足意見が、国籍法3条1項の準正要件部分を除くという適用の仕方は、「国会の意思として、『父母の婚姻』を除いたままでは同項を存続させないであろうというがい然性が明白である場合には、許されない」としているのは、この点を意識したものというべきであろう。

　それでも、「可能な立法政策の複数性にもかかわらず、『立法者の合理的意思』の探求に基づく個別的直接的救済を志向する違憲立法審査権の行使は、理論的に観察する限り、やはり一定の立法作用を必然的に随伴している」[68]との批判がなされる。しかし、ここで行われているのは、国籍取得のための複数の選択肢の中から立法者が選択した結果である要件の一部を、不合理な差別をもたら

しているとして違憲無効とすることであり、立法者が行うべき政策選択そのものではない。さらにいえば、「立法作用」の意味をどう捉えるかにもよるが、場合によっては立法者の意思を排除することにもなりうる違憲審査権そのものに、もともと一定の立法作用が随伴しているともいえよう。

筆者は、別稿において、2006年地裁判決が採用した「『一部違憲無効』の手法は、法3条1項で準正要件と他の要件を分離できるという前提に立つ限り、当然ありうる手法であり、同項全体を違憲無効とした場合に生じる問題を回避するという視点を加味すれば、考えられ得る判断方法の中で最も適切なものであった」、「現時点で考え得るもっとも適切な判断方法を示した」との評価を行った[69]。本判決の多数意見は、以上で見てきたように、直接明言しているわけではないが、準正要件部分を違憲無効として国籍法3条1項を解釈し原告らの国籍取得を認めたと理解できるものであり、実質的には2006年地裁判決と同様の判断を行っているといえる。本判決でなされた司法的救済は、その限りで肯定的に評価できると考える[70]。

V．結びにかえて

以上、簡単ではあるが、国籍法3条1項の合憲性に関する本判決を検討してきた。本判決には、「法律上の親子関係」のほかに「我が国との密接な結び付きの指標」が必要であるとするという立法目的の捉え方や、その目的を達成する手段がなぜ準正でなければならなかったのかを突き詰めないままに、立法事実の変化により立法目的と手段との合理的関連性が失われたとしていることなど、種々の問題点、疑問点があるものの、そこで採用された司法的救済方法が準正要件部分を違憲無効として国籍法3条1項を解釈し原告らの国籍取得を認めたと理解できるものであり、その限りで肯定的に評価できる、というのがここでのひとまずの結論である。

この判決をうけて、国籍法3条1項から準正要件を削除する法改正が2008（平成20）年12月に成立し、2009（平成21）年1月1日から施行されている[71]。本判決の補足意見の中には、日本国内での一定期間の居住など準正要件に代わる

他の要件設定の可能性に触れるものもあったが（今井補足意見、近藤補足意見）、改正法ではそのような新たな要件設定は行われなかった。ただ、危惧された偽装認知等に対応するため、新たに虚偽届出に関する罰則規定が設けられている（20条）。

改正により成立した新たな3条1項は、「父又は母が認知した子で20歳未満のもの（日本国民であつた者を除く。）は、認知をした父又は母が子の出生の時に日本国民であつた場合において、その父又は母が現に日本国民であるとき、又はその死亡の時に日本国民であつたときは、法務大臣に届け出ることによつて、日本の国籍を取得することができる。」というものであるが、この規定を実施するために設けられた経過措置規定では、本件最高裁判決翌日（2008（平成20）年6月5日）と2003（平成15）年1月1日を境として、それぞれの前後で取扱いを異にしている（附則2～4条）。ここではその詳細については触れないが、2003年が一つの境とされたのは、本判決で、「本件区別は、遅くとも上告人が法務大臣あてに国籍取得届を提出した当時には、……その立法目的との間において合理的関連性を欠くものとなっていた」とされ、第1事件で国籍取得届が提出されたのが2003年だった（第2事件では2005年）ことによる。しかし、立法目的の捉え方や目的と手段との合理的関連性に関して検討してきた結果を踏まえれば、判決翌日を境とすることはともかく、2003年1月1日を境として取扱いを異にすることについては、今後、争いを生じる可能性がないともいえない。

本判決を踏まえた法改正の結果、国籍法2条1号と3条1項との間の差異は、国籍の生来的取得か、事後的な届出による取得かの違いだけということになったといえる[72]。しかし、他は生来的に日本国籍を取得できるのに、日本人父と外国人母との間の非嫡出子で日本人父に生後認知された子だけが、何故生来的国籍取得を認められず届出を必要とされるのか。本判決のいう「我が国との密接な結び付き」の要件を前提に、それは「我が国に定住し暮らす意思」だと捉え、「届出」そのものではなく「届出」をする「意思」に「我が国との密接な結び付き」を認めることができるとする見解も見られる[73]。それでは、国籍の生来的取得の場合と異なり、何故、生後認知による届出による国籍取得の場合のみ、法律上の親子関係を超えて「我が国との密接な結び付き」が求められることになるのか。そもそも2条と3条を区別すること自体に問題はないのか。本

判決にも関わらず、そして本判決を踏まえた法改正にも関わらず、実は多くの課題が残されているといわなければならない。

〈注〉
(1) 最大判平成20年6月4日民集62巻6号1367頁（退去強制令書発付取消等請求事件、平成18年（行ツ）135号）、最大判平成20年6月4日集民228号101頁（国籍確認請求事件、平成19年（行ツ）164号）。
(2) 判例時報2002号（2008年）12頁。
(3) 問題状況については、大竹昭裕「国籍法3条1項の合憲性－2つの地裁判決と1つの高裁判決における合憲性判断のあり方の検討を中心に－」青森県立保健大学雑誌7巻2号（2006年）191－192頁ですでに明らかにしている。
(4) 江川英文・山田鐐一・早田芳郎『国籍法［第3版］』（有斐閣、1997年）63頁。
(5) いわゆる「国際結婚」の場合の親子関係など渉外関係に関する準拠法は「法の適用に関する通則法」の定めるところであるが、以下では、日本法による場合を前提に述べていく。
(6) 最判昭和37年4月27日民集16巻7号1247頁。
(7) 最判平成9年10月17日民集51巻9号3925頁。
(8) 二宮周平「国籍法上、認知に遡及効を認めない扱いは、憲法14条1項に違反しないとされた事例」戸籍時報554号（2003年）11頁など参照。
(9) 最判平成14（2002）年11月22日裁判所時報1328号1頁。
(10) 大竹昭裕「認知による国籍取得の否定と平等原則」研究紀要（青森大学・青森短期大学学術研究会）26巻4号（2004年）21・23頁。
(11) 拙稿・前掲論文注（3）192－193頁。
(12) 奥田安弘『国籍法と国際親子法』（有斐閣、2004年）144頁。
(13) 細川清「改正国籍法の概要」法務省民事局内法務研究会編『改正国籍法・戸籍法の解説』（金融財政事情研究会、1985年）11頁。
(14) 江川他・前掲書注（4）88頁。なお、細川・前掲論文注（13）14頁、黒木忠正・細川清『外事法・国籍法』（ぎょうせい、1988年）304頁参照。
(15) 實方正雄『国籍法』（日本評論社、1938年）30頁。
(16) 平賀健太『国籍法（下巻）』（帝国判例法規出版、1951年）218頁、江川英文・山田鐐一『国籍法』（有斐閣、1973年）20頁など。
(17) 江川他・前掲書注（4）67－68頁、黒木他・前掲書注（14）286－287頁、木棚照一『逐条註解　国籍法』（日本加除出版、2003年）119－120、130－131頁など。
(18) 三井哲夫「国籍附与の要件としての親子関係と法の抵触に関する若干の問題に就て（4・完）」民事月報24巻4号（1969年）44頁。
(19) 奥田安弘『家族と国籍［補訂版］』（有斐閣、2003年）113頁以下、奥田安弘「認知

による国籍取得と戸籍実務」北大法学論集48巻6号（1998年）261頁以下、加來昭隆「1 子の出生後に日本人男が認知した場合は国籍法2条1号に該当しないとされた事例 2 右解釈の合憲性」私法判例リマークス16号（1998年）160頁以下、鳥居淳子「国籍法上、認知に遡及効を認めないことの合憲性及び人権諸条約への適合性」ジュリスト1197号（2001年）92頁以下、二宮周平「国籍法における婚外子差別の検討」ジュリスト1078号（1995年）46頁以下、二宮周平「国籍法における婚外子の平等処遇」立命館法学250号（1996年）20頁以下、山本敬三「国籍法における非嫡出子差別」修道法学29巻1号（2006年）99頁以下など。

(20) 池原季雄「太平洋戦争終戦前に朝鮮人男子と婚姻したが、終戦後単独で内地に引揚げていた内地人女子と、他の日本人男子との間に平和条約発効後に日本で生まれた子は、出生によって日本の国籍を取得するか。」法学協会雑誌83巻2号（1966年）119頁。

(21) 木棚照一「国籍法の改正－国籍法はどの程度『国際化』されたか－」法学セミナー359号（1984年）60頁。なお、池原季雄・久保田きぬ子・塩野宏ほか「[座談会] 国籍法改正に関する中間試案をめぐって（上）」ジュリスト788号（1983年）20頁（山田鐐一発言）も参照。

(22) 認知の遡及効を否定しつつ国籍法3条1項改正の必要を説くものとして、例えば、江川他・前掲書注（4）88頁、木棚・前掲書注（17）220頁など。

(23) 奥田・前掲書注（19）135－136頁、奥田・前掲論文注（19）289頁、加來・前掲論文注（19）163頁、君塚正臣「国籍法3条1項は父母が内縁関係にある認知された非嫡出子を排除する限りで憲法14条1項違反であり、その子は届出により日本国籍を取得できるか（積極）」判例評論566号（2006年）16頁、国友明彦「家族と国籍」国際法学会編『日本と国際法の100年 第5巻 個人と家族』（三省堂、2001年）121頁、佐野寛「出生後の認知による国籍取得を認めないとする国籍法2条1号の解釈の合憲性」判例評論539号（2004年）5頁、鳥居・前掲論文注（19）94頁、二宮・前掲論文注（8）18頁以下など。

(24) 他方、準正要件に合理性を認めるものとして、清水真琴「日本人父から生後認知された嫡出でない子が、国籍法第3条の国籍取得届により日本国籍を取得したとされた事例について」民事月報60巻9号（2005年）52－54頁参照。

(25) 第1事件の背景について、奥田安弘「国籍法違憲訴訟に関する最高裁大法廷判決」法律時報80巻10号（2008年）1頁は、「原告は、日本人父の認知を受けたにもかかわらず、フィリピン人母とともに退去強制を命じられ、在留特別許可も認められなかったので、まず退去強制令書発付処分の取消等の訴えを提起した。原告の弁護士は、この入管事件に対処するため、あえて父母の婚姻がないにもかかわらず、国籍取得届を出させ……、国籍法3条の要件を満たさない旨の通知を受け取らせた。そして、この届出により、原告は、日本国籍を取得したとして、国籍確認訴訟を併合したのである（その後、在留特別許可が認められたので、入管事件は和解で終了した）」と述べている。

(26) この事件の原告代理人が訴訟の組み立て方や最高裁判決の疑問点を述べたものとして、近藤博徳「基調講演－原告代理人が語る本判決の意義と課題－」LAW AND PRACTICE 3号（2009年）1頁以下参照。
(27) 第1事件第1審判決、同控訴審判決、第2事件第1審判決については、大竹・前掲論文注（3）193頁以下で若干の検討を行った。
(28) 東京地判平成17（2005）年4月13日判時1890号27頁。
(29) 東京高判平成18（2006）年2月28日家月58巻6号47頁。
(30) 東京地判平成18（2006）年3月29日判時1932号51頁。
(31) 東京高判平成19（2007）年2月27日裁判所ホームページ
(32) 樋口陽一・佐藤幸治・中村睦男・浦部法穂『註解法律学全集1 憲法Ｉ』（青林書院、1994年）208－209頁（佐藤幸治）。なお、高橋和之・岩沢雄司・早川眞一郎「［鼎談］国籍法違憲判決をめぐって」ジュリスト1366号（2008年）46頁以下で、高橋和之は、前憲法的存在として国民がまず存在し、そのような国民は国籍を持つ憲法上の権利を持つのであり、それは本来、裁量の問題ではないのではないかと指摘する。
(33) 大竹・前掲論文注（10）10頁参照。
(34) 佐野寛「国籍法違憲判決と国籍法の課題」ジュリスト1366号（2008年）88頁。浮田徹「国籍法3条1項が憲法14条に違反するとされた事例」法学セミナー増刊速報判例解説vol. 4（2009年）10頁、佐久間健吉「国籍法違憲訴訟最高裁大法廷判決」法律のひろば61巻11号（2008年）59頁など。
(35) 市川正人「国籍法3条1項が、日本国民である父と日本国民でない母との間に出生し後に父から認知された子につき、父母の婚姻により嫡出子たる身分を取得した場合に限り日本国籍を認めていることと憲法14条1項」判例評論599号（2009年）4頁、藤井俊夫「国籍法違憲判決の意義と課題」千葉大学法学論集23巻1号（2008年）255頁、飯田稔「国籍取得阻害要件の合憲性」亜細亜法学44巻1号（2009年）270頁など。奥田・前掲論文注（25）2頁は、「社会的身分による差別について、厳格審査を導入したともとれる」とする。栗田佳泰「日本人父と外国人母とのあいだに生まれ出生後に父から認知された子につき、準正となった場合に限り、届出による日本国籍の取得を認める国籍法3条1項の一部が憲法14条1項に反し違憲とされた事例」法政研究（九州大学）75巻4号（2009年）108頁は、「厳格な合理性の基準」が採用されているとする。高橋和之ほか・前掲鼎談注（32）56頁で、高橋は「厳格な審査基準」に「かなり近づいた考え方をここで表明したのではないか」とする。
(36) 榎透「国籍法違憲訴訟最高裁大法廷判決」法学セミナー645号（2008年）126頁。なお、平等原則に関する審査基準論一般については、さしあたり、手塚和男「平等と合理的区別」大石眞・石川健治編『新・法律学の争点シリーズ3 憲法の争点』（有斐閣、2008年）104－105頁参照。
(37) 市川・前掲論文注（35）4頁、佐久間・前掲論文注（34）59頁など。
(38) 市川・前掲論文注（35）4頁、6頁の注（3）。
(39) 藤井・前掲論文注（35）255頁。

(40) 松本和彦「国籍法3条1項の違憲性」民商法雑誌140巻1号（2009年）72-73頁。なお、実際に行われた審査、特に手段審査の評価については、注（51）参照。
(41) 佐野・前掲論文注（34）88頁、松本・前掲論文注（40）75頁など参照。
(42) 例えば、松本・前掲論文注（40）75頁も、「本判決は、準正という加重要件を設けることには『合理的な根拠がある』と述べる。しかし、このような区別を行うこと自体の合理性に重大な疑問があるというべきである」と指摘する。
(43) 高橋和之ほか・前掲鼎談注（32）57頁（早川発言）。
(44) 高橋和之ほか・前掲鼎談注（32）58頁（高橋発言）。
(45) 例えば、市川・前掲論文注（35）5頁。
(46) 石川健治「国籍法違憲大法廷判決をめぐって－憲法の観点から（3・完）」法学教室346号（2009年）12-13頁。
(47) 松本・前掲論文注（40）76頁。
(48) 藤井・前掲論文注（35）257-258頁。飯田・前掲論文注（35）272-273頁は、多数意見の指摘は「一般論にとどまっており」、「いつから合理的関連性を失ったのか、その時期を明示することができ」ず「いささか説得力を欠く」とし、「実証的な根拠を示す必要」を説く。他方、多数意見が採る立法事実変化論を肯定的に捉えるものとして、近藤博徳・木棚照一・戸波江二「鼎談－国籍法3条1項から見える『日本』－」LAW AND PRACTICE 3号（2009年）39頁（戸波発言）。但し、立法事実変化論は、訴訟当事者が主張したものではなかった。第2事件の原告代理人である近藤は、当事者が主張したわけではない立法事実の変化を裁判所が認定することについて、「反論の機会」の保障という「手続の適正」の観点から批判している（近藤ほか・同鼎談40-41頁（近藤発言）、近藤・前掲論文注（26）18頁）。

なお、青柳幸一は、「婚姻関係や親子関係といった問題において国際的動向を評価の基礎に据えることの妥当性」、「婚姻関係や親子関係に関する日本における動向と国際的動向との共通性がどこまでいえるのか」という問題点を指摘する（青柳幸一「差別の直接的救済と司法の使命－国籍法3条1項違憲判決－」筑波ロー・ジャーナル5号（2009年）19頁）。
(49) 山元一「国籍法違憲大法廷判決」ジュリスト1376号（2009年）14頁。
(50) 前最高裁調査官の森英明は、「認知と国籍について－国籍法3条1項に関する最高裁大法廷判決に関連して－」家裁月報61巻5号（2009年）33頁で、立法時の合理性を肯定しつつ、遅くとも届出時には合理性が失われたとする点について、「違憲判断をなるべく当該事案の解決に必要な限度にとどめることを意図したものと考えられる」と述べている。
(51) この点に関連し、高橋和之は、判旨の論理の「違和感」に触れ、以下のように、興味深い指摘をしている。すなわち、ここで展開されているのは「差別の分析の思考法ではなく、権利制限の分析の思考法に近い」、「実体的権利の制限の場合の目的・手段審査というものと、差別の合理性の審査の場合の区別の目的は何で、その区別が目的とうまく対応しているかという問題」は「審査の枠組みとしては違う」のに、

「両方を混同した形で議論している」という。「差別問題の場合には、区別の目的を問題にし、目的と区別の適合関係を問題」にするが、「真の差別問題は差別指標の問題」である。しかし、「判旨は、嫡出子あるいは準正子と非嫡出子の区別自体には特に問題を感じていない。この区別指標を疑わしいものとして警戒する感覚はない。単なる１つの『要件』ととらえている。だから、立法当初はこの要件は立法目的と合理的関連性を有していたとあっさり認めることができた。それが、現在では内外の社会的環境等の変化により合理性を失っているという」が、「この議論の仕方は、差別問題の議論の仕方というよりは、権利制限における手段審査の議論の仕方ではないかという感じを持つ」。「権利制限として構成する場合には、手段審査において目的との適合性が審査される」が、「この場合には区別指標それ自体を問題視することはない」。これに対して、「差別の問題として構成する場合には、差別指標に問題がある」のだから、「その指標を使う以外に目的を達成する方法がないという場合にしか正当化されない。準正子かどうかという指標以外に目的を達成する方法がなかったかどうかが問われる」。しかし、「結論の本当の理由というのは、狭すぎるということ」、「目的との関連で言うと、密接な結び付きがあるのは準正の場合だけではない。だから、なぜ違憲かというと、準正だけでは狭すぎて、目的との適合性がないから」という「通常比例原則と言われる理屈」であり、「差別だから合理性がないというよりは、手段適合性がないという問題に帰着してしまった」とする（高橋和之ほか・前掲鼎談注（32）59－62頁（高橋発言））。石川健治も、「平等原則による裁量統制が、いつのまにか比例原則によるそれにすり替わっている」とする（石川・前掲論文注（46）11頁。なお、同「国籍法違憲大法廷判決をめぐって－憲法の観点から（１）・（２）」法学教室343号（2009年）35頁以下、同344号（2009年）40頁以下も参照）。

(52) 松本・前掲論文注（40）74頁。
(53) 佐久間・前掲論文注（34）62頁。
(54) 森英明「国籍法違憲訴訟最高裁大法廷判決の解説と全文」ジュリスト1366号（2008年）96頁。
(55) 金亮完「国籍法３条１項の規定のうち、準正を日本国籍取得の要件とした部分が憲法14条に違反するとされた２つの事例」法学セミナー増刊速報判例解説 vol. 4（2009年）85頁。
(56) 森・前掲論文注（50）32－33頁。佐野・前掲論文注（34）89頁も参照。なお、立花美也子「婚外子と国際人権法－国籍取得」ジュリスト1376号（2009年）319頁は、「本判決は、国内法を解釈する際に国際法を参照する『国際法の間接適用』を行ったにすぎない」とする。
(57) 奥田・前掲論文注（25）２頁。なお、この点に関連して、百地章・山田亮介「国籍法３条１項における国籍取得要件と法の下の平等」日本法学75巻１号（2009年）225頁は、「認知による国籍取得を認める諸外国、とりわけ欧州各国の社会的・歴史的背景には、日本と画然たる相違」、つまり、「欧州の多くの国にはＥＣ統合がなさ

れるずっと以前から、いわゆる移民労働者問題というものが内在している」という相違があるのであり、「欧州特有の社会的・歴史的背景と、非嫡出子に対して認知のみで国籍を与える旨の法制度とは密接に関連」することを指摘する。
(58) 野中俊彦・中村睦男・高橋和之・高見勝利『憲法Ⅰ［第4版］』（有斐閣、2006年）281頁（野中俊彦）。
(59) 畑尻剛「国籍法の性差別とその救済方法」芦部信喜・高橋和之・長谷部恭男編『憲法判例百選Ⅰ［第4版］』（有斐閣、2000年）77頁。
(60) 国友明彦「生後認知だけでは国籍の生来取得を認めないことの合憲性」ジュリスト1257号（2003年）132頁。
(61) 甲斐中ら反対意見が、国籍法3条1項を「創設的・授権的規定」であるとしつつ、違憲状態をもたらした法的原因を「立法の不存在ないし立法不作為という消極的立法行為」に見出すことに対する批判として、例えば、飯田・前掲論文注（35）275－276頁参照。
(62) 長谷部恭男「国籍法違憲判決の思考様式」ジュリスト1366号（2008年）79－83頁。
(63) 長谷部・前掲論文注（62）80頁。
(64) 棟居快行は、長谷部による「ベースライン」論に対して、「違憲・合憲というそれぞれの結論を言い換えたにとどまる嫌いがある」とし、それが「司法によってどこから・どのように発見されるか」が重要であると批判している（棟居快行「『基本権訴訟』としての確認訴訟」公法研究71号（2009年）136－137頁注（9）。
(65) 森・前掲論文注（54）97頁参照。
(66) 森・前掲論文注（54）96頁、佐野・前掲論文注（34）89－90頁、奥田・前掲論文注（25）2頁、浮田・前掲論文注（34）11頁、金・前掲論文注（55）85頁、竹下啓介「国籍法3条1項を違憲とした最高裁判決」法学セミナー647号（2008年）7頁など参照。なお、宍戸常寿「司法審査－『部分無効の法理』をめぐって」法律時報81巻1号（2009年）80頁は、「意味上の部分<u>違憲</u>」ではなく「文言上の部分<u>無効</u>」の判決と捉えるべきであるであるとする（下線部は、原文では傍点）。
(67) 芦部信喜『憲法訴訟の理論』（有斐閣、1973年）172頁以下、時国康夫『憲法訴訟とその判断の手法』（第一法規、1996年）94頁以下参照。
(68) 山元・前掲論文注（49）15頁。
(69) 大竹・前掲論文注（3）200頁。
(70) 青柳幸一は、どのような場合に司法による直接的救済が容認されるかについて、「実際的問題」と「本質的問題」があるとする。前者は「違憲判決に対する立法府の対応の迅速さ」の問題であるが、「かりに迅速に立法府が対応したとしても、訴訟当事者にとって権利の救済に『空白』が生じることは否定できない」。そこで、「判決による『直接的な救済』が求められる指標自体」、すなわち「本質的問題」が問われることになるが、それは要するに「違憲状態を解消する合理的な選択肢が複数あるか否か」ということであり、甲斐中ら反対意見は、「複数の選択肢の『可能性がある』」として判決で1つの選択肢に限定することが「立法権の簒奪」だと見るのに対

し、法廷意見は、「『非準正子』に国籍を付与しなければ国籍法３条１項の違憲性は解消されないという点で、立法府には選択の余地はない」と見たとする。青柳は、差別・権利侵害の「重大さ・深刻さ」、「自らの努力で変えることのできない属性で人間を差別することは、基本的に許されない」ことを指摘し、「司法審査制が具体的事件における権利保障を目的とするものであるならば、司法による直接的な権利救済が司法の『使命』に悖るとはいえない」として、本判決を肯定的に評価する（青柳・前掲論文注（48）26－28頁）。

(71) 改正された国籍法に関しては、秋山実「国籍法の一部を改正する法律の概要」ジュリスト1374号（2009年）２頁以下、澤村智子「国籍法の一部を改正する法律の概要」民事月報64巻２号（2009年）７頁以下など参照。なお、民法や国際私法の立場からの批評として、小池泰「国籍法改正と認知－民法の観点から」ジュリスト1374号10頁以下、国友明彦「国籍法の改正－国際私法的観点から」ジュリスト1374号（2009年）15頁以下など参照。

(72) 松本・前掲論文注（40）81頁。

(73) 栗田・前掲論文注（35）112－113頁。

第6章　国籍留保制度と法の下の平等

I．はじめに

　「国民たる要件は、法律でこれを定める」とする憲法10条をうけた国籍法は、父母両系血統主義に立ち、子は「出生の時に父又は母が日本国民であるとき」に生来的に日本国籍を取得するものとしている（2条1号）。同時に、国籍法12条は国籍留保制度を設け、「出生により外国の国籍を取得した日本国民で国外で生まれたものは、戸籍法……の定めるところにより日本の国籍を留保する意思を表示しなければ、その出生の時にさかのぼって日本の国籍を失う」と規定し、戸籍法104条は、国籍留保の意思表示を、父母等出生届をすることができる者が出生の日から3か月以内に出生届とともにすべきことを定めている（1・2項）。また、国籍法17条1項は、「国籍の再取得」という見出しの下に、国籍留保の意思表示がなされず「日本の国籍を失つた者で二十歳未満のものは、日本に住所を有するときは、法務大臣に届け出ることによつて、日本の国籍を取得することができる」ことを規定している。
　最高裁判所は、国籍留保制度を定めた国籍法12条の合憲性が争われた事件の判決で、この規定が法の下の平等を定める憲法14条1項に違反せず合憲である旨の判断を下した（最三小判平成27年3月10日民集69巻2号265頁[1]）。本章では、本判決が展開する合憲の論理について若干の検討を行うことにしたい。
　なお、本件第1審判決（東京地判平成24年3月23日、判時2173号28頁、判タ1404号106頁）については別稿[2]で検討を行っているが、本章で取り上げる最高裁判決にも別稿で指摘したのと同様の指摘をすべき点が多々含まれている。従って、本章の記述には別稿と重複する部分が少なくないことを予めお断りする。

憲法判例評論

II．事実の概要と判旨

1．事実の概要

　本件の原告らは、いずれも日本国籍の父とフィリピン国籍の母との間の嫡出子で、フィリピン国内で出生しフィリピン国籍を取得した。しかし、出生後3か月以内に父母等より日本国籍を留保する意思表示がなされなかったため、国籍法12条の規定によりその出生の時から日本国籍を有しないこととなった。

　そこで原告らは、（1）国籍法12条は、①出生地による区別、すなわち、出生により重国籍となった日本国民のうち、日本国内で出生した者と日本国外で出生した者との間で、後者についてのみ国籍留保の意思表示をしなければ出生時に遡って日本国籍を失うという区別、②国籍留保の意思表示の有無による区別、すなわち、出生により重国籍となった国外出生の日本国民のうち、出生後3か月以内に国籍留保の意思表示をした者とこの意思表示をしなかった者との間で、後者については出生時に遡って国籍を失うという区別、③日本国外で出生し出生後に認知を受けた非嫡出子との区別、すなわち、日本国外で出生した者のうち、出生後に日本国籍を有する父から認知を受けた非嫡出子は、出生後の時間の長短に関わらず届出により日本国籍を取得するのに、日本国籍を有する親の嫡出子は、出生後3か月以内に国籍留保の意思表示をしなければ出生時に遡って日本国籍を失うという区別をしているが、これら区別は合理的理由のない差別で憲法14条1項に違反すること、また、（2）この規定は、同法2条により取得した日本国籍を本人及び父母の意思と無関係に喪失させるもので、憲法13条により保障される「その意に反し国籍を奪われない権利ないし利益（国籍保持権）」を侵害していることを主張し、国籍法12条は違憲無効であるとして日本国籍を有することの確認を求めた。

　第1審判決は、国籍法12条は憲法13条及び14条1項に違反しないとして原告らの請求を棄却し、控訴審判決（東京高判平成25年1月22日、判タ1404号122頁）も原告らの控訴を棄却したため、上告に及んだものである[3]。

2．判　　旨

（ⅰ）「憲法10条は、『日本国民たる要件は、法律でこれを定める。』と規定し、これを受けて、国籍法は、日本国籍の得喪に関する要件を規定している。憲法10条の規定は、国籍は国家の構成員としての資格であり、国籍の得喪に関する要件を定めるに当たってはそれぞれの国の歴史的事情、伝統、政治的、社会的及び経済的環境等、種々の要因を考慮する必要があることから、これをどのように定めるかについて、立法府の裁量判断に委ねる趣旨のものであると解される。そして、憲法14条1項が法の下の平等を定めているのは、合理的理由のない差別を禁止する趣旨のものであって、法的取扱いにおける区別が合理的な根拠に基づくものである限り、同項に違反するものではないから、上記のようにして定められた日本国籍の取得に関する法律の要件によって生じた区別につき、そのような区別をすることの立法目的に合理的な根拠があり、かつ、その区別の具体的内容が上記の立法目的との関連において不合理なものではなく、立法府の合理的な裁量判断の範囲を超えるものではないと認められる場合には、当該区別は、合理的理由のない差別に当たるとはいえず、憲法14条1項に違反するということはできないものと解するのが相当である」。

（ⅱ）「（1）　国籍法12条は、出生により外国の国籍を取得するとともに同法2条1号又は2号によれば出生時に日本国籍を取得して重国籍となるべき子のうち国外で出生した者について、日本で出生した者と異なり、戸籍法104条の定めに従って出生の届出をすべき父母等により出生の日から3か月以内に日本国籍を留保する意思表示がその旨の届出によりされなければ（天災等の事由があれば上記の届出期間は伸張される。）、その出生時から日本国籍を有しないものとすることを定め、その生来的な取得を認めないという区別を設けることとしたものである。また、国籍法17条1項及び3項は、同法12条により日本国籍を有しないものとされた者で20歳未満のものについて、日本に住所を有するときは、法務大臣に届け出ることによって、その届出時に日本国籍を取得することができることを定めている。

（2）　日本国籍の生来的な取得につき、国籍法2条1号及び2号は、子の出生時において日本国籍を有する父又は母との間に法律上の親子関係があることをもって、一般的にみて我が国との密接な結び付きがあるものといえるとして、

当該子に国籍を付与しようとするものと解される。しかるところ、国籍法は、上記各号の規律を前提とした上で、前記のように国外で出生して日本国籍との重国籍となるべき子に関して、例えば、その生活の基盤が永続的に外国に置かれることになるなど、必ずしも我が国との密接な結び付きがあるとはいえない場合があり得ることを踏まえ、実体を伴わない形骸化した日本国籍の発生をできる限り防止するとともに、内国秩序等の観点からの弊害が指摘されている重国籍の発生をできる限り回避することを目的として、12条において、日本国籍の生来的な取得の要件等につき、日本で出生して日本国籍との重国籍となるべき子との間に上記（1）のような区別を設けることとしたものと解され、このような同条の立法目的には合理的な根拠があるものということができる。」

（ⅲ）「国籍法12条が、上記の立法目的に基づき、国外で出生して日本国籍との重国籍となるべき子に関して、日本で出生して日本国籍との重国籍となるべき子との間に上記（1）のような区別を設けていることについても、生来的な国籍の取得の有無は子の法的地位の安定の観点からできる限り子の出生時に確定的に決定されることが望ましいところ、出生の届出をすべき父母等による国籍留保の意思表示をもって当該子に係る我が国との密接な結び付きの徴表とみることができる上、その意思表示は原則として子の出生の日から3か月の期間内に出生の届出とともにするものとされるなど、父母等によるその意思表示の方法や期間にも配慮がされていることに加え、上記の期間内にその意思表示がされなかった場合でも、同法17条1項及び3項において、日本に住所があれば20歳に達するまで法務大臣に対する届出により日本国籍を取得することができるものとされていることをも併せ考慮すれば、上記の区別の具体的内容は、前記の立法目的との関連において不合理なものとはいえず、立法府の合理的な裁量判断の範囲を超えるものということはできない。

したがって、国籍法12条において、出生により日本国籍との重国籍となるべき子のうち、国外で出生した者について日本で出生した者との間に設けられた上記の区別は、合理的理由のない差別には当たらないというべきである。」

（ⅳ）「なお、所論のうち、出生以外の事由による日本国籍の取得の要件等を定める他の制度との権衡について論難する点に関しては、出生による日本国籍の生来的な取得の要件等を定める国籍法12条とは制度の目的及び趣旨を異にす

る事柄に係るものであって、上記の判断を左右するものではない。」
　（ⅴ）「以上によれば、国籍法12条は、憲法14条１項に違反するものではない。」

Ⅲ．検　　　討

1．国籍留保制度の沿革
　まず、国籍留保制度の沿革[4]を確認しておこう。この制度は、元々アメリカでの日本移民排斥運動を背景に、日本国籍離脱を容易にして出生地国への同化を促すために、国籍離脱制度の一環として設けられた。1916（大正５）年の旧国籍法改正で、生地主義国で出生して重国籍となった場合、内務大臣の許可を得て日本国籍を離脱することを認める規定が定められ（20条ノ２第１項）、その後、1924（大正13）年の改正により、勅令で指定された生地主義国[5]で出生して重国籍となった場合、国籍留保の意思表示をしなければ出生時に遡って日本国籍を失うものとされ（20条ノ２第１項）、同時に、国籍留保後の離脱方法も定められた（同条２項）。1950（昭和25）年制定の国籍法は、旧法の国籍留保制度を受け継ぎ、その適用対象を生地主義国で出生してその国の国籍を取得することとなった日本国民全般に拡大した（９条）。
　1984（昭和59）年の国籍法改正により、従来の父系優先血統主義を改めて父母両系血統主義が採用されることとなったが、それに伴って生ずる出生による重国籍者増加への対応が問題とされた。1983（昭和58）年２月に法務省民事局第５課から発表された「国籍法改正に関する中間試案」[6]では、現在の12条と同旨のＡ案の他に、新たに国籍選択制度（現在の14条以下）を設ける場合には1984（昭和59）年改正前の９条を削除するというＢ案も示されたが、結局Ａ案が採用されることとなり[7]、生地主義国での出生により重国籍となった者だけでなく、出生により重国籍となった国外出生の日本国民すべてが国籍留保制度の対象とされることとなったのである。

2．判断枠組

　判旨（ⅰ）では、憲法10条は国家構成員としての資格である国籍の得喪に関する要件の定めを立法府の裁量判断に委ねる趣旨であり、憲法14条1項が定める法の下の平等は合理的理由のない差別を禁止するもので、法的取り扱いにおける区別が合理的根拠を有する限り同項違反ではないことを述べた上で、憲法14条1項適合性に関し、「日本国籍の取得に関する法律の要件によって生じた区別につき、そのような区別をすることの立法目的に合理的な根拠があり、かつ、その区別の具体的内容が上記の立法目的との関連において不合理なものではなく、立法府の合理的な裁量判断の範囲を超えるものではないと認められる場合には、当該区別は、合理的理由のない差別に当たるとはいえず、憲法14条1項に違反するということはできない」との判断枠組を示す。ここでは、いわゆる待命処分事件判決（最大判昭和39年5月27日民集18巻4号676頁）、生後認知の遡及効を否定し、日本国民父と外国人母との間の非嫡出子が出生後に日本国民父に認知されても生来的に日本国籍を取得することはないと解される国籍法2条1項を合憲とした最2小判平成14年11月22日（集民208号495頁、以下「2002年判決」という）、準正による日本国籍取得を定めた国籍法旧3条1項（2008（平成20）年改正前）を違憲とした最大判平成20年6月4日（民集62巻6号1367頁、以下「国籍法違憲判決」という）が参照されており、従来の判例が踏襲されている。

　憲法14条1項適合性審査に関して、最高裁は、一般的な立法裁量の存在を前提に、(a) 審査密度を低める要素が見出される場合は、区別が「著しく不合理なもの」であるか否かの基準による「極めて緩やかな審査」、(b) 審査密度を高める要素が見出される場合は、「慎重に検討することが必要である」との判断指針に基づき、立法目的の合理的根拠の有無、具体的区別と立法目的との間の合理的関連性の有無を見る基準による「一定の厳格度を具えた審査」、(c) 審査密度を低める要素も高める要素も見出されない場合は、事柄の性質に即応した合理的根拠に基づく区別か否かを見る基準による (a)(b) の「中間」に位置する審査、を使い分けていることが指摘される[8]。このうち、(b) の「慎重に検討」する判断指針を示した典型が国籍法違憲判決であり、同判決では、(ア) 国籍が「我が国において基本的人権の保障、公的資格の付与、公的給付等を受

ける上で意味を持つ重要な法的地位」でもあること、(イ)「父母の婚姻により嫡出子たる身分を取得するか否かということは、子にとっては自らの意思や努力によっては変えることのできない父母の身分行為に係る事柄」であることを挙げて、「慎重に検討する」必要性を説いていた[9]。これに対して、本判決の判旨（ⅰ）では、立法裁量を前提に、立法目的の合理的根拠の有無、具体的区別と立法目的との間の合理的関連性の有無を見る上記（b）を示しているようでありながら「慎重な検討」の必要性は表明されておらず、国籍法違憲判決に比べ緩やかな審査をしているようにも見える。

　この点について、通説は、対象となる権利の性質と差別事由のいずれかに基づき審査基準を設定する立場を採る[10]が、国籍法違憲判決は、上記（ア）・（イ）のいずれも備わってはじめて平等審査の密度を高める要素になるとの立場を採っている[11]とされる。その上で、本件の場合には、「我が国において基本的人権の保障」が問題となるものでもないし、非嫡出子差別という要因もなかったということであって、必ずしも国籍法違憲判決と審査姿勢が異なっているというわけではないとの指摘[12]がなされている。しかし、国籍法違憲判決の場合は、「その具体的な区別と……立法目的との間に合理的関連性が認められない場合には、当該区別は、合理的な理由のない差別」に当たるとして、合理的関連性が証明されなければ違憲とする立場を示しているのに対して、本判決では「その区別の具体的内容が……立法目的との関連において不合理なものではなく、立法府の合理的な裁量判断の範囲を超えるものでないと認められる場合には、当該区別は、合理的理由のない差別に当たるとはいえ……ない」として、不合理でなく裁量権を超えないと認められれば合憲との立場を採っており、やはり審査姿勢・審査密度の差異は否定できないようにも思われる。

　ところで、国籍法違憲判決については、子が憲法14条1項にいう「社会的身分」に該当する非嫡出子であることにより国籍法旧3条1項の権利を有しなかったことが「慎重な審査」をもたらした理由として重要であるとの指摘[13]がある一方で、国籍が法的に重要な地位であることが審査密度を決定する主たる要因だったとの分析[14]も行われている。後者の分析に依拠し、国外にいても国籍の有無の法的重要性は変わらず、国籍喪失をもたらすのであればより一層重要といえるとの指摘[15]も考慮すれば、この段階で本件についても「慎重な検討」

を行うべきだったとの判断が導かれる可能性があるようにも思えるし、これに加えて、「出生地」の区別が憲法14条1項列挙の「社会的身分」に該当する可能性があるとの指摘[16]を肯定することができれば、上記の(ア)・(イ)をともに充たすとの判断が出てくる可能性もある。これらからすると、父母等による国籍留保の意思表示の有無が子どもの意思や努力で変えることのできない嫡出子・非嫡出子の区別と同様といえるか否か[17]には疑義があるとしても、本件においても「慎重な検討」姿勢を示す余地がなかったか、再考する価値があるように思われる。

3. 立法目的

　判旨(ⅱ)は、(1)において、国籍法12条を、出生時に日本国籍と外国籍との重国籍となる子のうち国外出生者について、国内出生者とは異なり、国籍留保の意思表示がなされなければ出生時から日本国籍を有しないものとすることを定め、その生来的な取得を認めないという区別を設けたものとし、その上で(2)において、そのような区別を設けた目的を①実体を伴わない形骸化した日本国籍の発生の防止、②重国籍発生の回避と捉え、立法目的には合理的根拠があるとの判断を示している。

　①・②を国籍留保制度の目的とする点は、ほぼ通説に沿ったものといえる[18]。但し、「国外で出生して日本国籍との重国籍となるべき子」について「その生活の基盤が永続的に外国に置かれることになるなど、必ずしも我が国との密接な結び付きがあるとはいえない場合があり得る」との説明は、あくまで可能性を言うだけである。可能性ということだけなら、そうならない可能性もあり得るし、「国外で出生して日本国籍との重国籍となるべき子」以外の子でも生活基盤が外国におかれ日本との密接な結び付きを失う可能性もあり得る。可能性の指摘が多面的な検討を促すことに繋がるのならばともかく、判旨の説明ではそれが①の合理性を裏づける唯一の根拠となってしまっており、説得力があるか疑いが残るように思われる。

　②の点について言えば、前述のように、国籍留保制度は、元来国籍離脱を容易にするための制度として設けられたものであり、重国籍発生回避を直接の目的とするものではなかった。1984（昭和59）年の国籍法改正に際しては、国籍

選択制度との関係から廃止さえ検討されたものである。後述するように、国籍留保の意思表示がなされれば重国籍は継続し、その解消のためには国籍選択を待たなければならないのであるから、この制度がそもそも重国籍発生回避を目的としたものと言えるかどうか疑問の余地があろう。

また、国籍法12条の定めを日本国籍の生来的取得に関する規定と捉えている点にも、種々の疑問を指摘することができる。まず、同条を日本国籍の生来的取得に関する規定と捉えることには、同条が「日本国民……は、日本の国籍を失う」と規定していることと合致しないという、「法の文言上の疑問」[19]がある。法文に従えば、既に有している日本国籍を喪失するものと読めるはずである。次に、「法体系上の疑問」[20]も存する。通説は、国籍留保の意思表示がなされず国籍を喪失した者も、一度は有効に国籍を取得しているとして、国籍法8条3号の「日本の国籍を失つた者」に該当し簡易帰化の対象となるとしているが[21]、そうなると、12条の定めが国籍の生来的取得に関する規定との把握とは整合しないのではないか、という疑問である。さらに、それ以上に問題なのは、12条を国籍の生来的取得に関する規定と捉えることによって、2008（平成20）年改正の国籍法3条との関係で新たな不均衡・不平等を生んでしまっているということである。この点は極めて重要と思われるが、詳しくは次の「立法目的と区別との合理的関連性」を検討する中で言及することにする。

4．立法目的と区別との合理的関連性

判旨(ⅲ)は、①「生来的な国籍の取得の有無は子の法的地位の安定の観点からできる限り子の出生時に確定的に決定されることが望ましい」ことを前提に、②「出生の届出をすべき父母等による国籍留保の意思表示をもって当該子に係る我が国との密接な結び付きの徴表とみることができる」こと、③国籍留保の「意思表示は原則として子の出生の日から3か月の期間内に出生の届出とともにするものとされるなど、父母等によるその意思表示の方法や期間にも配慮がされていること」、④この期間内に国籍留保の意思表示がなされなかった場合でも、国籍法17条1項・3項で、「日本に住所があれば20歳に達するまで法務大臣に対する届出により日本国籍を取得することができるものとされていること」を挙げて[22]、区別の具体的内容は立法目的との関連で不合理なものではな

いとして、国籍法12条で採られた区別は合理的理由のない差別には当たらないとの結論を導いている。

　しかし、①〜④はいずれも、国籍法12条で採られた区別が立法目的との関連で不合理ではないことを裏づけるものとしては問題がある。

　まず、①について言えば、仮に「生来的な国籍の取得の有無は子の法的地位の安定の観点からできる限り子の出生時に確定的に決定されることが望ましい」としても、国籍留保の意思表示がなされれば重国籍状態は継続し、結局、国籍選択（国籍法14条以下）を待つほかない。国籍留保の意思表示がなされる限り、生来的な国籍が「出生時に確定的に決定されること」には繋がらないのである[23]。

　次に、国籍法は、判旨（ⅱ）の（２）が言うように、子の出生時に日本国籍を有する父又は母との間の法律上の親子関係があることもって「我が国との密接な結び付き」があるとして国籍の生来的取得を認める（２条１号・２号、2002年判決参照）。これに対し、国籍法12条が判旨の言うとおり国籍の生来的取得に関する規定だとすれば、②は、同じく出生時に日本国籍と外国籍との重国籍となる子のうち国外出生者についてのみ、「出生の届出をすべき父母等による国籍留保の意思表示」という国籍の生来的取得のための新たな要件を付加することを認めることになる。日本国籍の生来的取得に関するこのような新たな要件が何故に肯定されるのか。我が国との密接な結び付きを強調した立法目的①を裏付けるものは、あくまで可能性の指摘にとどまるものであった。

　ところで、国籍法旧３条１項は、日本人父と外国人母との間に生まれ日本人父から生後認知されたに止まる非嫡出子が伝来的に日本国籍を取得するには、父母の婚姻により嫡出子たる身分を取得すること（準正）を要件としていた。国籍法違憲判決は、この規定を、国籍法の「基本的な原則である血統主義を基調としつつ、日本国民との法律上の親子関係の存在に加え我が国との密接な結び付きの指標となる一定の要件を設けて、これらを満たす場合に限り出生後における日本国籍の取得を認めることとしたもの」と捉えて、立法目的の合理性を肯定した。準正要件は、「日本国民との法律上の親子関係の存在」に付加された「我が国との密接な結び付きの指標となる一定の要件」ということになる。しかし、同判決は、準正を国籍取得要件としたことによる区別と立法目的との

間の合理的関連性が立法当初には存在していたが、我が国の内外における社会環境の変化等によってそれは失われたとして、違憲判断を導いた。同判決を受けて2008（平成20）年に改正された国籍法3条1項は、準正要件を削除し、「父又は母が認知した子で20歳未満のもの（日本国民であつた者を除く。）は、……法務大臣に届け出ることによつて、日本の国籍を取得することができる」と定めている。国籍法違憲判決では、国籍の伝来的取得に関して「日本国民との法律上の親子関係の存在」のほかに「我が国との密接な結び付きの指標となる一定の要件」を設けるという立法目的を認めていたものの、改正法では準正要件に代わる新たな要件は設けられず、結局、「認知」という「日本国民との法律上の親子関係の存在」のみが届出による国籍取得の実質的要件とされることになった。

　2008年改正後の国籍法3条1項と国籍の生来的取得に関する規定とされる12条を対比すると、日本人父と外国人母との間の<u>非嫡出子</u>は、たとえ国外出生であろうと（国内出生・国外出生を問わず）、実質的に「認知」という「日本国民との法律上の親子関係の存在」のみで（伝来的に）日本国籍を取得できるが、出生により日本国籍と外国籍との重国籍になる子（<u>嫡出子</u>）のうち国外出生者は、国内出生者と異なり、「日本国民との法律上の親子関係の存在」という要件を充たすだけでは足りず、「出生の届出をすべき父母等による国籍留保の意思表示」という要件をも充たすのでなければ（生来的に）国籍を取得できない、という不均衡を生じてしまっている。この点について、判旨（ⅳ）は、国籍の生来的取得に関する制度と伝来的取得に関する制度とでは目的・趣旨を異にするということを言うもののようであるが、国籍取得が出生時か出生後かという分け方自体が人為的なものに過ぎない。それにも関わらず、人為的な分け方を恰も所与の前提として、そこで生じている不均衡を検討対象から除外するという姿勢は必ずしも納得のいくものではない[24]。国籍取得に関する制度全体に目を向けた検討が必要だったと思われる[25]。

　また、③の点について言えば、国籍留保の意思表示のための期間が短いことは夙に指摘されてきたことであるが[26]、それはひとまず措くとして、国籍の生来的取得は、本来、特別の手続きを必要とすることなく文字通り生来的に取得されるはずのものであろう。本人の意思に関係なく生来的に取得されるはずの

国籍が、何らかの積極的意思表示（作為）によって失われるのであればともかく、一定期間内に父母等による国籍留保の意思表示がなされないという単なる不作為により喪失されてしまうという取扱いが国籍という重要な地位に相応しいものと言えるかどうか(27)、疑問と言わなければならない。

　さらに、④では、国籍法17条の存在が12条の合理性を裏づける根拠の一つとされている。しかし、12条が国籍の生来的取得に関する規定であるとすれば、17条1項による国籍取得は、「国籍の再取得」という条文見出しや「日本の国籍を失つた者」という文言にもかかわらず、その実態は新規の国籍取得と解されることになろう。その結果、生来的に日本国籍を取得できなかった日本国民の<u>非嫡出子</u>が国籍法3条により伝来的に国籍を取得する場合は、たとえ国外出生でも、国内での住所要件を求められないが、国外出生で生来的に日本国籍を取得できなかった日本国民の<u>嫡出子</u>が生後に国籍を取得する場合は、国内での住所要件を充たすことが求められるという、嫡出子・非嫡出子間の新たな不平等を生むことになる(28)。問題となっている規定が不合理でないことを言うために新たな不平等をもたらす論理を持ち出すという論証方法は、説得的であるとは到底言えないであろう。②について述べたように、ここでも国籍取得に関する制度全体に目を向けた検討が必要だったと言わなければならない。

　以上述べたところから見ると、判旨(iii)が挙げる①〜④によっては、国籍法12条で採られた区別が立法目的との関連で不合理なものではないとの論証はできていない、と言わざるを得ないであろう。

Ⅳ　おわりに

　以上の検討結果からすると、審査密度や国籍法12条の立法目的はともかくとして、少なくとも、本判決では12条が採用した区別が立法目的との関連で不合理なものではないとの論証はできておらず、国籍法12条は法の下の平等に違反して違憲であるとの強い疑いが残らざるを得ない。特に、国籍法12条と3条との間の不均衡は深刻な問題と言うべきであるし、さらには、国籍法12条を国籍の生来的取得に関する規定と位置づけた結果、12条の合憲性を論証するために

持ち出した17条が2008（平成20）年改正後の3条との間で新たな不平等を生み出すことになってしまっているということは、この合憲判決の大きな問題点であると言わなければならないだろう。国籍取得制度全体にわたる検討を踏まえた早期の立法による解決が望まれる[29]。

なお、本件で原告らは、国籍留保制度を定めた国籍法12条が「その意に反し国籍を奪われない権利ないし利益（国籍保持権）」を侵害しており憲法13条に違反する、との主張も展開していた。しかし、本判決ではこの点に何ら言及されていない。

この点に関しては[30]、どのような範囲の者にその権利・資格を認めるか必ずしも明確ではないし、その権利・資格の根拠を憲法10条と見るか13条と見るか一致しているわけではないが[31]、「国籍を取得する権利」（「『子が親の日本国籍を取得』する権利」、「国籍を持つ憲法上の権利」等）の存在を主張する学説もある[32]。また、2002年判決の梶谷・滝井補足意見は「日本人を親として生まれてきた子供は、等しく日本国籍を持つことを期待しているものというべきであり、その期待はできる限り満たされるべき」と指摘していたし、さらに、国籍法違憲判決について、「多数意見の裁判官は、……考え方の出発点として、日本人の血統を引く子はすべて日本国籍を取得できるのが大原則であるという立場」[33]であるとの分析も示されている。

「国籍を取得する権利」を憲法上に根拠づけることができれば、国籍法12条は憲法上の権利・資格を制限する規定あるいは憲法及びこれを具体化した国籍法2条により当然取得された権利・資格を国籍留保の意思表示がなされないことにより事後的に喪失させる規定、と位置づけることが容易になり、国籍法12条が憲法上の国籍取得権・国籍保持権に対する制限として許容されるか否かを正面から問うことも可能となろう。国籍取得の権利ないし資格を憲法上に根拠付けその範囲を確定することができるか否かは、憲法学の重要な課題の一つと言えよう[34]。

〈注〉
(1) 本判決を分析したものとして、植村勝慶「国籍法12条の国籍留保手続の合憲性」法学セミナー増刊 新・判例解説Watch17号（2015年）39頁以下、寺岡洋和「国籍法

12条と憲法14条1項」ジュリスト1481号（2015年）65頁以下、麻生多聞「国籍留保制度を規定する国籍法12条と憲法14条の関係・国籍確認請求事件」法学セミナー728号（2015年）124頁などがある。
(2)　大竹昭裕「国籍留保制度の合憲性」判例評論657号（2013年）2頁以下。なお、この第1審判決を分析したものとして、杉谷達哉「国籍法第12条の規定が憲法第13条及び第14条第1項に違反しないとされた事例について」民事月報67巻6号（2012年）7頁以下、松田浩「国籍法12条の国籍喪失規定の憲法適合性」判例セレクト2012［Ⅰ］（法学教室389号別冊付録、2013年）5頁、片桐直人「国籍法12条の合憲性」法学セミナー増刊 新・判例解説Watch12号（2013年）31頁以下、嶋崎健太郎「国籍法上の国籍留保制度の合憲性」平成24年度重要判例解説（ジュリスト1453号、2013年）18頁以下、国友明彦「国籍留保制度（国籍法12条）の合憲性」私法判例リマークス48号（2014年）146頁以下などがある。
(3)　なお、原告らのうちAは、仮に国籍法12条が無効でないとしても、国籍法17条1項による国籍取得の届出をしようとしたのに地方法務局職員が届用用紙を交付しなかったため当該届出用紙を提出できなかったとし、国籍法17条1項の届出は有効になされたといえるとして日本国籍を有することの確認を求めた。第1審判決はこれを認容し確定している。
　　また、控訴審段階でBの父Cが、Bの出生日から3か月以内に国籍留保の届出ができなかったのは国籍法12条3項所定の「天災その他第1項に規定する者の責めに帰することができない事由」があったからで、Cはその後届出をすることができるに至った時から14日以内に留保届をしているから、Bは日本国籍を保持していると主張したが、控訴審判決は、第1審においてBがこれを主張することに特別の支障があったということはできず、この主張は少なくとも重大な過失により時機に遅れて提出されたもので、訴訟の完結を遅延させることにもなるとして、却下している。
(4)　国籍留保制度の沿革については、江川英文他『国籍法［第3版］』（有斐閣、1997年）141-142頁、144頁、木棚照一『逐条註解 国籍法』（日本加除出版、2003年）365-368頁、土屋文昭「国籍の留保制度の新展開」民事研修332号（1984年）11-13頁、棚橋新作「国籍留保制度と不留保者の国籍再取得」判例タイムズ747号（1991年）418-419頁など参照。
(5)　勅令で指定されたのは、当初、アメリカ、アルゼンチン、ブラジル、カナダ、チリ、ペルーであったが（大正13年勅令262号）、その後メキシコが加わった（昭和11年勅令79号）。
(6)　「国籍法改正に関する中間試案」に関する検討として、池原季雄・久保田きぬ子・塩野宏他「［座談会］国籍法改正に関する中間試案をめぐって（上）（下）」ジュリスト788号（1983年）12頁以下、790号（1983年）62頁以下、土屋文昭「国籍法改正に関する中間試案について」法律のひろば36巻3号（1983年）4頁以下、山田鐐一「国籍法改正に関する中間試案」法学教室32号（1983年）77頁以下など参照。法務省民事局第5課による「国籍法改正に関する中間試案」及び「国籍法改正に関する中間

第 6 章　国籍留保制度と法の下の平等

試案の説明」はジュリスト788号30頁以下に掲載。
(7)　在外邦人団体及び在外公館の実務担当者の大勢が国籍留保制度を支持する方向にあった、とのことである（山田鐐一「国籍法の一部を改正する法律案要綱」法学教室44号（1984年）88頁。
(8)　蟻川恒正「婚外子法定相続分最高裁違憲決定を読む」法学教室397号（2013年）108－110頁。
(9)　但し、国籍法違憲判決における「慎重に検討することが必要である」との表明が審査の厳格性をどの程度高めることになるのかは、必ずしも明らかではない。市川正人「国籍法3条1項が、日本国民である父と日本国民でない母との間に出生し後に父から認知された子につき、父母の婚姻により嫡出子たる身分を取得した場合に限り日本国籍を認めていることと憲法14条1項」判例評論599号（2009年）4頁、6頁注（3）、藤井俊夫「国籍法違憲判決の意義と課題」千葉大学法学論集23巻1号（2008年）255頁、松本和彦「国籍法3条1項の違憲性」民商法雑誌140巻1号（2009年）72－73頁など参照。
(10)　市川・前掲論文注（9）4頁。代表的なものとして、例えば、芦部信喜（高橋和之補訂）『憲法　第六版』（岩波書店、2015年）131－132頁。
(11)　蟻川・前掲論文注（8）108頁、市川・前掲論文注（9）4頁、市川正人「憲法判例の展開－司法制度改革以降を中心に－」公法研究77号（2015年）6頁、渡辺康行「平等原則のドグマーティク－判例法理の分析と再構築の可能性－」立教法学82号（2011年）49頁など。安西文雄「憲法14条1項後段の意義」論究ジュリスト13号（2015年）76頁は、「権利・利益の重要性と区別事由とを総合的に考慮して審査のあり方を設定する手法」とする。
(12)　植村・前掲論文注（1）40頁。
(13)　国友・前掲論文注（2）148頁。
(14)　小山剛『「憲法上の権利」の作法［新版］』（尚学社、2011年）110頁。
(15)　片桐・前掲論文注（2）33頁。
(16)　嶋崎・前掲論文注（2）19頁。但し、「出生地」は社会的身分に当たらないとする見解として、国友・前掲論文注（2）148－149頁。
(17)　片桐は、子の法定代理人として行う国籍留保の意思表示が婚姻等の身分行為と同視できるか検討の余地があるとの留保を付しつつ、国籍留保は、親の知識や意思決定という子にとって如何ともし難い理由による決定であり、その意味で非嫡出子の場合と同様だとする（前掲論文注（2）33頁・34頁の注19））。
(18)　江川他・前掲書注（4）144－146頁、木棚・前掲書注（4）365－368頁、法務省民事局内法務研究会編『改正国籍法・戸籍法の解説』（金融財政事情研究会、1985年）23－25頁（細川清執筆）など。但し、通説は、①・②のほかに、戸籍に登載されない日本国民の発生を防止し国民の範囲を公簿上明らかにすることも国籍留保制度の目的であるとする。
(19)　嶋崎・前掲論文注（2）19頁。

(20) 嶋崎・前掲論文注（2）19頁。
(21) 江川他・前掲書注（4）149頁、木棚・前掲書注（4）379頁。
(22) 植村・前掲論文注（1）41頁参照。
(23) なお、国籍法が採用する「国籍唯一の原則」が必ずしも絶対的理想とは言えない状況にあることについて、例えば、岡村美保子「重国籍－我が国の法制と各国の動向」レファレンス634号（2003年）56頁以下、大山尚「重国籍と国籍唯一の原則～欧州の対応と我が国の状況～」立法と調査295号（2009年）103頁以下など参照。
(24) 高橋和之・岩沢雄司・早川眞一郎「［鼎談］国籍法違憲判決をめぐって」ジュリスト1366号（2008年）58頁（高橋発言）参照。
(25) 植村・前掲論文注（1）42頁参照。
(26) 奥田安弘『国籍法と国際親子法』（有斐閣、2004年）14－15頁。
(27) 国友明彦「家族と国籍」国際法学会編『日本と国際法の100年　5個人と家族』（三省堂、2001年）122頁参照。但し、国友は、3か月以内に届け出なければ国籍喪失という規制手段は立法論上問題だが、解釈論として権利侵害とまでは言えないとする（国友・前掲論文注（2）148頁）。
(28) 片桐・前掲論文注（2）34頁参照。
(29) 国友・前掲論文注（2）149頁参照。
(30) 以下では、大竹・前掲論文注（2）5－6頁で述べたことを再度繰り返している。
(31) 大沢秀介「平等－国籍法違憲判決のインパクト－」大沢秀介他編『憲法.com』（成文堂、2010年）24頁参照。
(32) 樋口陽一・佐藤幸治・中村睦男・浦部法穂『注解法律学全集1　憲法Ⅰ』（青林書院、1994年）208－209頁（佐藤執筆）、松井茂記『日本国憲法［第三版］』（有斐閣、2007年）314頁、高橋他・前掲注（24）47頁（高橋発言、なお、46－51頁も参照）など。
(33) 高橋他・前掲注（24）69頁（早川発言）。
(34) 但し、加藤隆之「国籍法違憲判決の検討」亜細亜法学46巻2号（2012年）99頁は、その困難性を指摘する。

第7章　衆議院選挙区割りと投票価値の平等

最高裁平成23年3月23日大法廷判決、平成22年（行ツ）207号、選挙無効請求事件、民集65巻2号755頁、判時2108号3頁、判タ1344号70頁

I．事実の概要

　本件は、2009（平成21）年8月30日施行の衆議院議員総選挙（以下、「本件選挙」という）につき、東京都2区ほかの選挙人である原告らが、衆議院小選挙区選挙の選挙区割り及び選挙運動に関する公職選挙法等の規定が憲法に違反し無効であるから、これに基づいて施行された本件選挙の上記選挙区ほかにおける選挙も無効であるとして提起した選挙無効訴訟である。以下では、衆議院小選挙区選挙の選挙区割りの問題に絞って見ていく。

　長く中選挙区単記投票制が採られてきた衆議院議員の選挙制度は、1994（平成6）年の公職選挙法改正により小選挙区比例代表並立制に改められた。本件選挙時の制度では、衆議院議員定数は480人、そのうち300人が小選挙区選出議員とされ、全国に300の選挙区を設け各選挙区で1人の議員を選出するものとされている。また、上記公職選挙法改正と同時に成立した衆議院議員選挙区画定審議会設置法（以下、「区画審設置法」という）では、その2条で、衆議院議員選挙区確定審議会（以下、「区画審」という）は、衆議院小選挙区選出議員の選挙区改定に関し調査審議し、必要があると認めるときはその改定案を作成して内閣総理大臣に勧告するものとし、3条において、選挙区改定案作成は、選挙区間の人口の最大較差が2倍未満となるように区割りをすることを基本とし、行政区画、地勢、交通等の事情を総合的に考慮して合理的に行わなければならないことを規定すると同時に（1項）、各都道府県の区域内の選挙区の数は、各都道府県に予め1を配当し（以下、「1人別枠方式」という）、これに小選挙区選出議員の定数から都道府県数を控除した数を人口に比例して各都道府県に配

当した数を加えた数とすると定めていた（2項。以下、同法3条で定める基準を「本件区割基準」、同法3条の規定を「本件区割基準規定」ともいう）。

区画審は、2000（平成12）年の国勢調査結果に基づき、区画審設置法3条に従って衆議院小選挙区選出議員の選挙区に関する改定案を作成して内閣総理大臣に勧告し、これを受け、勧告どおりに選挙区割り改定を行うことなどを内容とする公職選挙法改正が成立した（2002（平成14）年法律95号）。しかし、この改正による選挙区割規定（以下、「本件区割規定」ともいう）の下での選挙区間の人口較差は、上記国勢調査結果によれば、最大較差が1対2.064、人口が最も少ない高知県1区と比較して較差が2倍以上となっている選挙区が9選挙区であった。また、本件選挙当日の選挙区間の選挙人数の最大較差は1対2.304、選挙人数が最も少ない高知県3区と比較して較差が2倍以上となっている選挙区は45選挙区であった。

このような区割規定に基づいて施行された本件選挙について、投票価値の平等を要求する憲法に違反するとして選挙の効力を争う訴訟が各地で提起された。本件もその1つであり、原審（東京高判平成22年2月24日）[1]は、「本件選挙当時、選挙区間における議員1人当たりの人口ないし選挙人数の較差は、憲法の要求する選挙権の平等に反する程度に至っていたものではあるけれども、本件選挙当時の本件区割規定を憲法に違反するものと断定することはできない」として、違憲状態であることを認めつつ上記選挙区の選挙無効の主張は退けた。そこで原告らが上告に及んだものである。

II. 判　旨

（上告棄却）

本判決は、「本件選挙時において、本件区割基準規定の定める本件区割基準のうち1人別枠方式に係る部分は、憲法の投票価値の平等の要求に反するに至っており、同基準に従って改定された本件区割規定の定める本件選挙区割りも、憲法の投票価値の平等の要求に反するに至っていたものではあるが、いずれも憲法上要求される合理的期間内における是正がされなかったとはいえず、本件

第7章 衆議院選挙区割りと投票価値の平等

区割基準規定及び本件区割規定が憲法14条1項等の憲法の規定に違反するものということはできない」と結論付けた。理由は以下のとおりである。
（ⅰ）「代表民主制の下における選挙制度は、選挙された代表者を通じて、国民の利害や意見が公正かつ効果的に国政の運営に反映されることを目標とし、他方、国政における安定の要素をも考慮しながら、それぞれの国において、その国の事情に即して具体的に決定されるべきものであり、そこに論理的に要請される一定不変の形態が存在するわけではない。憲法は、上記の理由から、国会の両議院の議員の選挙について、およそ議員は全国民を代表するものでなければならないという基本的な要請（43条1項）の下で、議員の定数、選挙区、投票の方法その他選挙に関する事項は法律で定めるべきものとし（同条2項、47条）、両議院の議員の各選挙制度の仕組みについて国会に広範な裁量を認めている。したがって、国会が選挙制度の仕組みについて具体的に定めたところが、上記のような基本的な要請や法の下の平等などの憲法上の要請に反するため、上記のような裁量権を考慮してもなおその限界を超えており、これを是認することができない場合に、初めてこれが憲法に違反することになる。」
「憲法は、選挙権の内容の平等、換言すれば投票価値の平等を要求しているものと解される。しかしながら、投票価値の平等は、選挙制度の仕組みを決定する絶対の基準ではなく、国会が正当に考慮することのできる他の政策的目的ないし理由との関連において調和的に実現されるべきものであり、国会が具体的に定めたところがその裁量権の行使として合理性を有するものである限り、それによって投票価値の平等が一定の限度で譲歩を求められることになっても、やむを得ないものと解される。」
（ⅱ）「憲法は、衆議院議員の選挙につき全国を多数の選挙区に分けて実施する制度が採用される場合には、選挙制度の仕組みのうち定数配分及び選挙区割りを決定するについて、議員1人当たりの選挙人数又は人口ができる限り平等に保たれることを最も重要かつ基本的な基準とすることを求めているというべきであるが、それ以外の要素も合理性を有する限り国会において考慮することを許容しているものといえる。

具体的な選挙制度を定めるに当たっては、これまで、社会生活の上でも、また政治的、社会的な機能の点でも重要な単位と考えられてきた都道府県が、定

数配分及び選挙区割りの基礎として考慮されてきた。衆議院議員の選挙制度においては、都道府県を定数配分の第一次的な基盤とし、具体的な選挙区は、これを細分化した市町村、その他の行政区画などが想定され、地域の面積、人口密度、住民構成、交通事情、地理的状況などの諸要素が考慮されるものと考えられ、国会において、人口の変動する中で、これらの諸要素を考慮しつつ、国政遂行のための民意の的確な反映を実現するとともに、投票価値の平等を確保するという要請との調和を図ることが求められているところである。したがって、このような選挙制度の合憲性は、これらの諸事情を総合的に考慮した上でなお、国会に与えられた裁量権の行使として合理性を有するか否かによって判断されることになる。」

（ⅲ）「本件選挙制度の下における小選挙区の区割りの基準については、区画審設置法３条が定めているが……、同条１項は、……投票価値の平等に配慮した合理的な基準を定めたものということができる。

他方、同条２項においては、……１人別枠方式が採用されており、この方式については、……相対的に人口の少ない県に定数を多めに配分し、人口の少ない県に居住する国民の意思をも十分に国政に反映させることができるようにすることを目的とする旨の説明がされている。しかし、この選挙制度によって選出される議員は、いずれの地域の選挙区から選出されたかを問わず、全国民を代表して国政に関与することが要請されているのであり、相対的に人口の少ない地域に対する配慮はそのような活動の中で全国的な視野から法律の制定等に当たって考慮されるべき事柄であって、地域性に係る問題のために、殊更にある地域（都道府県）の選挙人と他の地域（都道府県）の選挙人との間に投票価値の不平等を生じさせるだけの合理性があるとはいい難い。しかも、本件選挙当時には、１人別枠方式の下でされた各都道府県への定数配分の段階で、既に各都道府県間の投票価値にほぼ２倍の最大較差が生ずるなど、１人別枠方式が……選挙区間の投票価値の較差を生じさせる主要な要因となっていたことは明らかである。１人別枠方式の意義については、人口の少ない地方における定数の急激な減少への配慮という立法時の説明にもうかがわれるところであるが、……新しい選挙制度を導入するに当たり、直ちに人口比例のみに基づいて各都道府県への定数の配分を行った場合には、人口の少ない県における定数が急激

かつ大幅に削減されることになるため、国政における安定性、連続性の確保を図る必要があると考えられたこと、何よりもこの点への配慮なくしては選挙制度の改革の実現自体が困難であったと認められる状況の下で採られた方策であるということにあるものと解される。

そうであるとすれば、１人別枠方式は、おのずからその合理性に時間的な限界があるものというべきであり、……本件選挙時においては、…本件選挙制度は定着し、安定した運用がされるようになっていたと評価することができるのであって、もはや１人別枠方式の……合理性は失われていたものというべきである。加えて、本件選挙区割りの下で生じていた選挙区間の投票価値の較差は、……最大で2.304倍に達し、較差２倍以上の選挙区の数も増加してきており、１人別枠方式がこのような選挙区間の投票価値の較差を生じさせる主要な要因となっていたのであって、その不合理性が投票価値の較差としても現れてきていたものということができる。そうすると、本件区割基準のうち１人別枠方式に係る部分は、遅くとも本件選挙時においては、その立法時の合理性が失われたにもかかわらず、投票価値の平等と相容れない作用を及ぼすものとして、それ自体、憲法の投票価値の平等の要求に反する状態に至っていたものといわなければならない。そして、本件選挙区割りについては、本件選挙時において上記の状態にあった１人別枠方式を含む本件区割基準に基づいて定められたものである以上、これもまた、本件選挙時において、憲法の投票価値の平等の要求に反する状態に至っていたものというべきである。」

（ⅳ）しかし、「平成19年６月13日大法廷判決において、平成17年の総選挙の時点における１人別枠方式を含む本件区割基準及び本件選挙区割りについて、……いずれも憲法の投票価値の平等の要求に反するに至っていない旨の判断が示されていたことなどを考慮すると、本件選挙までの間に本件区割基準中の１人別枠方式の廃止及びこれを前提とする本件区割規定の是正がされなかったことをもって、憲法上要求される合理的期間内に是正がされなかったものということはできない。」

（ⅴ）「１人別枠方式は、衆議院議員の選挙制度に関して戦後初めて抜本的改正を行うという経緯の下に、一定の限られた時間の中でその合理性が認められるものであり、その経緯を離れてこれを見るときは、投票価値の平等という憲法

の要求するところとは相容れないものといわざるを得ない。衆議院は、その権能、議員の任期及び解散制度の存在等に鑑み、常に的確に国民の意思を反映するものであることが求められており、選挙における投票価値の平等についてもより厳格な要請があるものといわなければならない。したがって、事柄の性質上必要とされる是正のための合理的期間内に、できるだけ速やかに本件区割基準中の１人別枠方式を廃止し、区画審設置法３条１項の趣旨に沿って本件区割規定を改正するなど、投票価値の平等の要請にかなう立法的措置を講ずる必要がある」。

なお、本判決には、竹内行夫裁判官、須藤雅彦裁判官の補足意見のほか、本件選挙当時、本件選挙区割りが憲法の投票価値の平等の要求に反するに至っていたとすることはできないとする古田祐紀裁判官の意見、本件区割規定は違憲であり本件選挙も違法であるとする田原睦夫裁判官、宮川光治裁判官の反対意見が付されている。

Ⅲ. 研　　究

1. はじめに

中選挙区単記投票制という衆議院議員選挙制度の下では、各選挙区に配分された議員定数と当該選挙区の人口数ないし有権者数とのアンバランスが選挙区間の１票の価値の不均衡を生み、裁判で争われてきた。学説では、憲法上の根拠をどこに求めるかについては見解の対立[2]があるものの、憲法が投票価値の平等を要求することは現在広く認められている。これに対し、判例は当初、同様の問題を抱える参議院地方区選出議員選挙（現在の選挙区選出議員選挙）に関し、「議員数を選挙人の人口数に比例して、各選挙区に配分することは、法の下に平等の憲法の原則からいって望ましいところではある」とするにとどめ、司法審査の可能性は否定しないものの、各選挙区への議員定数配分は基本的に立法政策の問題とする態度をとった（最大判昭和39年２月５日民集18巻２号270頁）。しかし、その後、衆議院議員の議員定数配分規定の合憲性が争われた最大判昭和51年４月14日民集30巻３号223頁（以下、「1976（昭和51）年判決」とい

う）において、「憲法14条１項に定める法の下の平等は、選挙権に関しては、国民はすべて政治的価値において平等であるべきであるとする徹底した平等化を志向するものであり、右15条１項等の各規定の文言上は単に選挙人資格における差別の禁止が定められているにすぎないけれども、単にそれだけにとどまらず、選挙権の内容、すなわち各選挙人の投票の価値の平等もまた、憲法の要求するところである」と判示するに至り、総選挙当日に最大4.99倍の較差があった公職選挙法の定数配分規定を違憲とした（但し、事情判決により選挙そのものは有効）。さらに、最大判昭和60年７月17日民集39巻５号1100頁（以下「1985（昭和60）年判決」という）でも最大4.40倍の較差を違憲（事情判決により選挙は有効）とする判断が下され、また、3.94倍、3.18倍の較差を前提に違憲状態とする判決（前者は最大判昭和58年11月７日民集37巻９号1243頁、後者は最大判平成５年１月20日民集47巻１号67頁）も存在した。

　小選挙区制では１つの選挙区から選出される議員は１名に限られるため、投票価値不平等の問題は各選挙区への定数配分ではなく選挙区割りの問題として争われることとなる。小選挙区比例代表並立制の下での最初の選挙（1996（平成８）年10月20日施行）について下された最大判平成11年11月10日[3]民集53巻８号1441頁、同1704頁（以下、「1999（平成11）年判決」という）は、中選挙区制下の判例で形成された判断枠組みをほぼ踏襲して、総選挙直近の国勢調査結果で2.309倍の較差があった選挙区割規定とその区割基準規定を合憲とし、その後も、2.471倍、2.171倍の較差があった選挙区割規定とその区割基準を合憲とする判決（前者は最三小判平成13年12月18日民集55巻７号1647頁（以下、「2001（平成13）年判決」という）、後者は最大判平成19年６月13日民集61巻４号1617頁（以下、「2007（平成19）年判決」という））が続いてきた。

　本判決は、現行制度の下で、小選挙区区割基準規定の１人別枠方式に係る部分とこの基準に基づく区割規定につき、憲法の投票価値平等の要求に違反して違憲状態にあると判断した初めての最高裁判決であり、極めて注目に値する。以下では、合憲性の判断枠組みと立法裁量、１人別枠方式の具体的評価、投票価値較差の許容限度、本判決における合理的期間の意味について若干の検討を行っていく。

2．合憲性の判断枠組みと立法裁量

　1976（昭和51）年判決や1985（昭和60）年判決などにより形成された、中選挙区制下の衆議院議員定数配分規定の合憲性に関する判断枠組みは、概ね次のようなものである。

　①憲法14条1項等の規定は、各選挙人の投票の有する影響力の平等、すなわち投票価値の平等をも要求するものであること、しかし、②議会制民主主義下の選挙制度は、各国の実情に即して決定されるべきもので、普遍的に妥当する一定の形態が存在するものではなく、日本国憲法も両議院議員の選挙制度の仕組みの具体的決定は原則として国会の裁量に委ねていること、結局、③投票価値の平等は、選挙制度決定のための唯一絶対の基準ではなく、原則として、国会が正当に考慮できる他の政策的目的・理由との関連において調和的に実現されるべきものであること、それ故、④国会が定めた具体的選挙制度下で投票価値の不平等が存する場合、その合憲性は、当該不平等が国会の裁量権の合理的行使として是認されるかどうかによって決せられること、その場合、⑤投票価値の不平等が国会において通常考慮し得る諸般の要素を斟酌してもなお、一般に合理性を有するものとは考えられない程度に達しているときは、もはや国会の合理的裁量の限界を超えているものと推定され、これを正当化すべき特別の理由が示されない限り憲法違反と判断されること（「許容程度超過要件」）、しかし、制定・改正当時合憲であった規定がその後の人口異動で憲法の平等の要求に反する程度に至った場合には、憲法上要求される合理的期間内の是正が行われないとき初めて違憲となること（「合理的期間経過要件」）。

　「許容程度超過要件」と「合理的期間経過要件」が同時に満たされることによって初めて違憲判決が下ることになり、前者を満たすのみで是正のための合理的期間が経過していないと判断されれば、「違憲状態」にはあるものの結論としては違憲とはいえないということになる。国会の裁量権を広範に認めるこのような判断枠組みについて、学説からは、投票価値不平等問題の判断基準を「『国会の合理的裁量の限界』問題とし、人口比例原則を相対化させた」[(4)]として批判されてきた。

　小選挙区比例代表並立制採用後も、判例は、基本的にはこの判断枠組みを踏襲してきた。しかし、細部には違いも見られる。例えば、1999（平成11）年判

決、2001（平成13）年判決、2007（平成19）年判決ともに、判断枠組みの①と②の順序が入れ替わり、まず「国会の裁量ありき」を強調するものとなっていた。また、③には「国会が具体的に定めたところがその裁量権の行使として合理性を是認し得るものである限り、それによって投票価値の平等が損なわれることになっても、やむを得ない」とする中選挙区制下の判例には見られない一文が付加され、「調和的に実現」といいつつ、実際には立法裁量を優先して投票価値平等の要求を低下させる内容となっていた[5]。さらには、③における具体的考慮事項として、「とりわけ都道府県は、これまで我が国の政治及び行政の実際において相当の役割を果たしてきたことや、国民生活及び国民感情においてかなりの比重を占めていることなどにかんがみれば、選挙区割りをするに際して無視することのできない基礎的な要素の一つ」であるとし、過疎化への配慮も国会が考慮し得る要素であるとするなど、国会が採用した１人別枠方式を正当化すべく、国会の裁量判断を尊重する態度が示されていた。「都道府県に注目する説示」は1976（昭和51）年判決には見られるものの、その後は「判例としての定式化からは落とされ、類似の主張はむしろ参議院の特殊性論としてなされてきた」ものであるし、過疎化への配慮も中選挙区制下の最高裁の判例には見られなかったものであった[6]。

　本判決も、判旨（ⅰ）において②・①・③を踏襲している。しかし、以前に比べ投票価値の平等を重視することを暗示する部分も見られ、③に関する1999（平成11）年判決以来の「投票価値の平等が損なわれることになっても、やむを得ない」との表現は「投票価値の平等が一定の限度で譲歩を求められることになっても、やむを得ない」に変化している。このことは、単なる表現の違いに止まるものではない。判旨（ⅴ）では「衆議院は、……選挙における投票価値の平等についてもより厳格な要請がある」と述べており、少なくとも衆議院については投票価値の平等に比重を移して判断する姿勢が示されているといえる。

　投票価値の平等に比重を移した判断が志向されることになれば、それは相対的に立法裁量への統制を強めることにつながる。④を踏襲する判旨（ⅱ）では、立法裁量の結果としての１人別枠方式を違憲とする布石であろうが、都道府県に関する記述は、簡略化されただけでなく、都道府県を立法裁量における単な

る考慮事項の1つと位置づけるものになっている。また、これまでの判例で国会における考慮事項として例示されてきた、従来の選挙の実績、選挙区としてのまとまり具合、人口の都市集中化の現象なども消えている。

　投票価値の平等の比重を高め、立法裁量への司法的統制を強めていこうとする動きは、最近の判例に現れてきていたところであった。例えば、参議院選挙区選出議員定数配分規定の合憲性に関する最大判平成16年1月14日民集58巻1号56頁（以下、「2004（平成16）年判決」という）の「補足意見2」は、行政裁量に対する司法審査の手法を立法裁量の分野にも適用しようとするもの[7]であったし、同じく参議院に関する最大判平成21年9月30日民集63巻7号1520頁（以下、「2009（平成21）年判決」という）は、2004（平成16）年判決や参議院に関する最大判平成18年10月4日民集60巻8号2696頁においては従来の「判断枠組み自体は基本的に維持しつつも、……実質的にはより厳格な評価がされてきている」とし、自らもこの「見地に立って、……定数配分規定の合憲性について検討する」としていた。衆議院については、例えば、2007（平成19）年判決では、泉德治裁判官は反対意見で厳格審査基準による審査の必要を説き、藤田宙靖裁判官は、「立法府は、両院の定数配分を含む選挙制度の在り方について法律によって定めるに当たり……、多くの考慮要素（政策的要請）を踏まえ、適正な裁量を行う義務を負っており、この義務に反して、例えば、様々の要素を考慮に入れ時宜に適った判断をしなければならないのに、慢性的に旧弊に従った判断を維持し続けるとか、当然考慮に入れるべき事項を考慮に入れず、又は考慮すべきでない事項を考慮し、あるいはさほど重要視すべきではない事項に過大の比重を置いた判断をしているような場合には、憲法によって課せられた裁量権の行使義務を適切に果たさないものとして、憲法違反の判断を受けてもやむを得ない」と、自らもそのメンバーの1人であった先の「補足意見2」の内容を繰り返し述べた。また、藤田裁判官も加わっており、「補足意見2」と「同様の発想に立」つ[8]とされる「4裁判官の見解」は、国会は「選挙制度の仕組みを定めるに当たっては、憲法の要請する投票価値の平等を実現するように配慮しなければならず、投票価値の平等に反する制度は、合理的な理由のない限り、憲法に違反」し、「投票価値の平等のもっとも忠実な定数配分は、人口に比例して定数を配分する人口比例原則」であるから、「定数配分に当たり非人口的

第7章　衆議院選挙区割りと投票価値の平等

要素を考慮することが許容されるのは、それが投票価値の平等を損なうことを正当化するに足りる合理性を有する場合に限る」とする。そして、「第一院である衆議院においては、第二院である参議院に比べて投票価値の平等は強く求められる」としていた。

②・①・③・④という判断枠組みの下での具体的判断である判旨（ⅲ）は、選挙区間の投票価値較差の主要な要因が1人別枠方式にあり、それが立法時の政治状況に対応する方策として採用されたものであったとしても、新たな選挙制度が定着して安定した運用がなされるようになった段階ではもはや合理性を失っているとする。その判断は、国会に対し時宜に適った適正な裁量行使を求める先の「補足意見2」や2007（平成19）年判決の藤田意見、さらには「4裁判官の意見」の延長上にあるものといえよう。

ところで、これまで形成されてきた判断枠組みのうち、⑤については、判旨（ⅳ）で「合理的期間経過要件」が用いられているものの、「許容程度超過要件」はどこでも触れられていない。判旨（ⅲ）ではこの要件の充足の有無を検討することなく「憲法の投票価値の平等の要求に反する状態」との判断を導いている。しかし、それは「許容程度超過要件」が判断枠組みから排除されたことを意味するものではあるまい。ここでは、1人別枠方式それ自体が選挙区間の投票価値の較差を生む主因とであるという、いわばその方式が持つ「性質」に関する評価が決定的だったのであり、較差がどの「程度」かが主たる問題となっていたわけではなかったということであろう（最大較差が2.304倍に達していることや較差2倍以上の選挙区数の増加も述べられているが、それが違憲状態の決定的理由になっているわけではない）。従って、今後の訴訟で投票価値の較差の「程度」を問題とする場面では、この要件が再び登場することになろう。その場合、立法裁量統制を強める姿勢が投票価値較差の「程度」の判断にどのような影響をもたらすか、注目する必要があろう（後述3参照）。

結局、本判決は、「許容程度超過要件」を別とすれば、基本的には従来の判断枠組みを踏襲・維持しつつ、投票価値の平等という憲法上の要求をこれまでよりも重視し、その分だけ立法裁量を厳しく審査する方向を具体化したものといえよう[9]。

3．1人別枠方式の評価

判旨（ⅲ）は1人別枠方式を「憲法の投票価値の平等の要求に反する状態」とするが、これまでの判例でも、1999（平成11）年判決や2001（平成13）年判決の反対意見、2007（平成19）年判決の反対意見や意見、「4裁判官の見解」などでその不合理性が説かれてきた[10]。

しかし、それはあくまで反対意見や「見解」などの中でのことであり、古田裁判官の意見が指摘するように、従来の判例の多数意見は「人口の都市集中化及びこれに伴う人口流出地域の過疎化の現象等にどのような配慮をし、選挙区割りや議員定数の配分にこれらをどのように反映させるか」を立法裁量の範囲内の問題として、1人別枠方式を合憲としてきた。この方式に基づいて選出される議員も憲法43条1項に規定する「全国民を代表する選挙された議員」という性格と矛盾するものでないことは、1999（平成11）判決で認められてきたし、判旨（ⅲ）ではこの方式には「合理性に時間的な限界がある」とする（そうなると、「時間的限界」を超えて不合理となったのはどの時点か、という問題もある）が、従来の判例は、暫定措置・経過措置としての範囲でとの留保を付することなく、その合憲性を正面から認めてきた。1人別枠方式の合憲性を正面から認める態度は、前述したような投票価値の平等を重視する動きが見られる中で下された2007（平成19）年判決でも変わらなかった（この判決の「4裁判官の見解」には、激変緩和の点について「少なくとも本件改正の時点においては、その必要性は乏しい」との指摘が見られるが、それはあくまで4裁判官による「見解」である）[11]。2007（平成19）年判決は、本判決のわずか4年前に下されたものであり、しかも従来の判例を単純に繰返す小法廷判決ではなく、れっきとした大法廷判決なのである。

古田裁判官のいうように、本件での投票価値の較差はこれまでの判決の際の較差より大きいものではない。そのような中で、本判決は、（従来の判例の反対意見や「見解」などでは指摘されてきたにせよ）これまで正面から合憲としてきたものを、「合理性に時間的な限界がある」ものと性格付けを変えることによって、突然に違憲状態と判断している。突然の変更であるからこそ是正のための「合理的期間」を認める違憲状態判決となったということもできようが、従来、自らの裁量判断が受け入れられていると見てきたであろう国会側としては、

第7章 衆議院選挙区割りと投票価値の平等

戸惑いも大きいのではあるまいか[12]。

「裁判所は後出しができる場所にいる」[13]ともいわれる。司法による立法裁量の統制は当然要請されるとしても「後出し」の危険は常についてまわるのであり、改めて立法と司法との関係が問われているといえるのではなかろうか。

4．投票価値較差の許容限度

衆議院議員選挙の投票価値較差の許容限度をどの程度と見るかについて、学説[14]では、最大1対2以上の較差を投票価値平等の要請に反するとする見解[15]が多数説とされるが、最大較差1対1が基本原則とする説も有力で、この原則から乖離した較差については政府に合憲性の立証責任を負わせるとする見解[16]、やむにやまれぬ政府利益達成のための必要不可欠な手段でない限り許されないとする見解[17]、選挙権に関する権利一元説の立場から、仮に1対2以下でも違憲問題が生じ、不均衡の合理性の論証が要求されるとする見解[18]などが主張されている。

この点について、判例は、具体的な数値基準を明示してはいない。しかし、従来の中選挙区制下の判例から一般に最大較差1対3を許容限度としていると見られてきたし、小選挙区比例代表並立制の下でも、これまでの判例が最大2.309倍、2.471倍、2.171倍の較差があった選挙区割規定とその区割基準を合憲としてきたことから、最大較差1対3を許容限度とする姿勢が維持されていると見られてきた[19]。

本判決も、従来の判例同様、投票価値較差の許容限度の数値基準を明示していない。本判決は、投票価値の較差を生む1人別枠方式自体の不合理性を問題としたものであり、そもそも較差の「程度」自体を問題としたものではなかった。しかし、判旨（ⅲ）は、最大較差2倍未満を基本とする区画審設置法3条1項の規定を「投票価値の平等に配慮した合理的基準を定めたもの」と評価する一方、これを歪め、最大2.304倍に達する較差や較差2倍以上の選挙区の増加をもたらす主因となった1人別枠方式を不合理とする。ここには、2倍という数値（それは国会が自ら設定した基準であるが）にこだわる姿勢も垣間見える。

もし、このような見方が不適切なものでないとすれば、判例は今後、投票価値の最大較差2倍程度を目安として「許容程度超過要件」を運用していくとの

予想もできる。しかし、「投票価値の平等の要請は憲法14条1項に基づくもので、憲法自体は具体的選挙制度を予定したものではなく、国会が法律によって具体的に規定して初めて選挙制度が中選挙区制になったり小選挙区制になったりするものであることからするならば、非人口的要素の考慮が正当なものである限り、具体的制度の改正に伴って憲法上許容される人口較差の限界についての考え方が変容するということは、困難である」[20]との指摘もある。今後、判例が従来の判断といかに整合性をとりつつ展開されていくか、注視していく必要があろう。

5．合理的期間の意味

判旨（iv）は、「合理的期間経過要件」を満たさないとして、本件区割基準中の1人別枠方式及び本件区割規定は「憲法14条1項等の規定に違反するものということはできない」とし、同時に、判旨（v）で、「1人別枠方式は、……一定の限られた時間の中でその合理性が認められるものであり、その経緯を離れてこれを見るときは、投票価値の平等という憲法の要求するところとは相容れないもの」であるから、「事柄の性質上必要とされる是正のための合理的期間内に、できるだけ速やかに……廃止し、……改正するなど、……立法的措置を講ずる必要がある」としている。

ここでは、従来の判例がそうであったように、「合理的期間」がどの程度の期間か、いつまで是正すればよいのかは明示されていない。確かに、中選挙区制の下でも「合理的期間」が問題とされたが、そこで「合理的期間」内に是正することが求められていたのは、各選挙区への配分議席数を変更するなど、基本的な仕組みは維持したままで対応することが可能なものであった。これに対し、判旨（iv）・（v）で廃止などの是正が求められているのは小選挙区制の下での1人別枠方式という制度の根幹に関わるもので、そのための「合理的期間」であるから、同じく「合理的期間」といっても中選挙区制下のそれとは質的に異なっており、同一には論じられないともいえる[21]。

「合理的期間」論は、理論的根拠が明確でなく、その起算点や長さも不明であるが、それ故にこそ「定数配分不均衡を直ちに違憲と断ずることに躊躇が感じられた場合の、便利な緩衝材として機能してきた」[22]といわれる。本判決か

第7章　衆議院選挙区割りと投票価値の平等

らすれば、このことは小選挙区制の下においても全く変わりはないといってよい。今後、仮に国会の対応が不十分なままで総選挙が実施された場合、それを争う訴訟の中で裁判所が「合理的期間経過要件」をどのように運用していくか、中選挙区制の下での判断と対比しつつ注目していく必要がある。

6．おわりに

　以上、簡単ではあるが、本判決は、従来の判断枠組みを基本的には踏襲・維持しつつ、憲法の要求する投票価値の平等をこれまでよりも重視し、その分だけ立法裁量を厳しく審査する方向を具体化したものであること、1人別枠方式に関する判断は改めて立法と司法との関係を問うものであること、投票価値較差の許容限度や合理的期間の意味などは本判決だけでは必ずしも明らかではなく今後の判例の動向を注視すべきことなどを述べてきた。

　ただ、いずれにせよ、国会は、衆議院について、「合理的期間」内に1人別枠方式を廃止するなど是正のための立法措置を講ずる必要がある。しかし、立法措置が求められているのは参議院も同様で、2009（平成21）年判決により、投票価値較差の大幅な縮小のためには「現行の選挙制度の仕組み自体の見直しが必要」とされ、「国会において、速やかに、投票価値の平等の重要性を十分に踏まえて、適切な検討が行われることが望まれ」ている。

　現在、衆議院は小選挙区比例代表並立制であるが、参議院も比例代表制と選挙区選挙を組み合わせた「緩やかな意味での『並立制』」である。こうした状況について、以前より、「両院制の趣旨からして、類似の選挙制度が併存することは望ましくない」、「国会改革のなかでも、とりわけ、並立制併存の解消に向けた選挙制度改革は喫緊の課題である」との指摘[23]が行われてきた。本判決や2009（平成21）年判決の要求に国会が真摯に向き合う必要があることはいうまでもないが、それは単に一院の一票の価値是正の問題に止まるものであってはなるまい。そこでは、憲法を踏まえて両議院にどのような役割・機能を期待するのか、あるべき両院関係、あるべき国会像が問われているというべきであろう。

〈注〉
(1) 東京高判平成22年2月24日民集65巻2号875頁。本件原審判決は本件選挙における1票の価値の較差について違憲状態とするものであったが、本件選挙について同様の判断を示した判決がほかに2件（福岡高那覇支判平成22年3月9日判タ1320号46頁、高松高判平成22年4月8日）、違憲（違法）とした判決が4件（大阪高判平成21年12月28日判時2075号3頁、広島高判平成22年1月25日判時2075号3頁、福岡高判平成22年3月12日、名古屋高判平成22年3月18日）、合憲とする判決が2件（東京高判平成22年3月11日判時2077号29頁、札幌高判平成22年4月27日）下されている（朝日新聞2011（平成23）年3月9日）。
(2) 憲法14条、15条1項・2項、44条但書を総合解釈する見解、憲法14条1項の平等原則を中心に考える見解、憲法15条の選挙権あるいは憲法44条但書の平等選挙の原則を重視する見解などがあるとされる（中村睦男『論点憲法教室』（有斐閣、1990年）102頁、同『憲法30講〔新版〕』（青林書院、1999年）80頁参照）。
(3) この日の判決には民集53巻8号1577頁もあり、これらの判決によって、小選挙区の区割規定とその区割基準規定のほか、重複立候補制、比例代表制、小選挙区制、小選挙区選挙で候補者届出政党に選挙運動を認める規定がすべて合憲と判断されている。
(4) 和田進「議員定数配分の不均衡」大石眞・石川健治編『新・法律学の争点シリーズ3 憲法の争点』（有斐閣、2008年）184頁。
(5) 永田秀樹「衆院議員選挙の小選挙区の区割り基準の規定の合憲性等」民商法雑誌127巻2号（2002年）117頁。
(6) 毛利透「改正公選法の衆議院議員選挙制度の合憲性」判例セレクト'99（法学教室234号別冊付録、2000年）4頁。
(7) 今関源成「参院定数不均衡最高裁判決－最高裁2004年1月14日大法廷判決をめぐって」ジュリスト1272号（2004年）92頁、福井章代「公職選挙法14条、別表第3の参議院（選挙区選出）議員の議員定数配分規定の合憲性」ジュリスト1280号（2004年）122頁参照。
(8) 木下和朗「小選挙区選挙と法の下の平等」平成19年度重要判例解説（ジュリスト1354号、2008年）11頁。
(9) 大沢秀介「投票価値の平等－議員定数訴訟」笹田栄司ほか『ケースで考える憲法入門』（有斐閣、2006年）289頁は、在外邦人選挙権訴訟判決（最大判平成17年9月14日民集59巻7号2087頁）について、「選挙権に関する立法裁量を制限し、立法裁量優位型のモデルから憲法優位型のモデルへの志向を示している」旨述べていたが、本判決は、この判決の延長上にあると捉えることもできよう。
　なお、「定数不均衡問題については、最高裁は……平等権の問題であると同時に選挙制度の問題であると捉えている」が、「厳格な審査を実現するためには、定数不均衡問題を選挙権の問題と捉えて制度に関する立法裁量からはずす理論構成が必要である」（高橋和之「違憲審査方法に関する学説・判例の動向」法曹時報61巻12号（2009

年）22頁）、との指摘もなされる。高橋和之『立憲主義と日本国憲法［第２版］』（有斐閣、2010年）156頁、273-274頁も参照。
(10) 学説にも、その不合理性を指摘するものが多い。例えば、辻村みよ子「小選挙区比例代表並立制選挙の合憲性」ジュリスト1176号（2000年）62頁、山元一「議員定数不均衡と選挙の平等」憲法判例百選Ⅱ［第５版］（2007年）337頁、植木淳「公職選挙法の小選挙区区割規定と候補者届出政党に選挙運動を認める規定が憲法に違反しないとされた事例」速報判例解説vol. 2（法学セミナー増刊、2008年）13頁など。
(11) 学説には、１人別枠方式について「百歩譲っても軟着陸のための期間の限定が同時になされる必要があろう」（野中俊彦「衆院議員選挙の選挙区割り基準を定める規定の合憲性」民商法雑誌122巻６号（2000年）107頁）と指摘するものもあった。
(12) 本判決を伝える新聞記事には、「各党戸惑い広がる」、「『被災地復興に逆行』……地元議員ら反発」との見出しも見える（毎日新聞2011（平成23）年３月24日）。
　あるいは、国会は最高裁判決の補足意見や反対意見などにも常に目を配り、必要とされる立法的対応をすることが求められるのであり、それ故にこそ広い立法裁量が認められるという論理もあるかもしれない。しかし、最高裁としての判断そのものは多数意見（法廷意見）に示されているというべきなのではなかろうか。
(13) 淺野博宣「投票価値の平等について」安西文雄ほか『憲法学の現代的論点［第２版］』（有斐閣、2009年）439頁。
(14) 学説の状況については、木下・前掲論文注（８）11頁参照。
(15) 芦部信喜［高橋和之補訂］『憲法［第５版］』（岩波書店、2011年）139頁、佐藤幸治『憲法［第３版］』（青林書院、1995年）117頁など。
(16) 長谷部恭男『憲法［第５版］』（新世社、2011年）171頁など。
(17) 松井茂記『日本国憲法［第３版］』（有斐閣、2007年）416頁など。
(18) 辻村みよ子『憲法［第３版］』（日本評論社、2008年）343頁など。
(19) 1999（平成11）年判決に関する調査官解説は、中選挙区制下の判例が１対３を最大較差の目安にしてきたとの見方を肯定した上で、判例が具体的数値を明示しないのは、「較差の数値のみで合憲性が決まるものではないとの考え方に基づくものであろう。本判決も、これを示してはいないが、従前の判例の基本的考え方を、小選挙区制の下においても維持しているものと推測される」としていた（大橋寛明「衆議院議員選挙区画定審議会設置法３条の衆議院小選挙区選出議員の選挙区割りの基準を定める規定及び公職選挙法13条１項、別表第１の右区割を定める規定の合憲性」ジュリスト1192号（2001年）213頁。
(20) 大橋・前掲論文注（19）213頁。
(21) 参議院選挙区選出議員定数配分規定を「憲法に違反するに至っていたものとすることはできない」とした2009（平成21）年判決は、その理由の一つとして「現行の選挙制度の仕組みを大きく変更するには……相応の時間を要する」ことを挙げ、「現行の選挙制度の仕組みを維持する限り、各選挙区の定数を振り替える措置だけでは、最大較差の大幅な縮小を図ることは困難であり、これを行おうとすれば、現行の選

挙制度の仕組み自体の見直しが必要となる」とし、「その検討に相応の時間を要する」が「国会において、速やかに、投票価値の平等の重要性を十分踏まえて、適切な検討が行われることが望まれる」と判示した。ここでいう「相応の時間」は、都道府県を単位とする選挙区に偶数議員を配分する参議院選挙制度の仕組み自体の「見直しに至る抜本的な立法措置に要する期間」という意味になろう（上田健介「参議院議員定数配分規定の合憲性」平成21年度重要判例解説（ジュリスト1398号、2010年）9頁参照）。本文で述べた「合理的期間」は、小選挙区制それ自体を否定するものではなく、その下での1人別枠方式の是正のための期間であるから、ここでいう「相応の時間」とも質的に異なるようである。

(22) 安念潤司「議員定数不均衡と改正の合理的期間」憲法判例百選II［第4版］（2000年）329頁。なお、合理的期間の問題について、安念潤司「いわゆる定数訴訟について（3）（4）」成蹊法学26号（1988年）39頁以下、同27号（1988年）131頁以下参照。

(23) 高見勝利「衆・参両院議員選挙における並立制併存の意味と無意味」ジュリスト1106号（1997年）22頁以下。

■著者紹介

大竹 昭裕

　1956年　生まれ
　1980年　東北学院大学大学院法学研究科博士前期課程修了
　現　在　青森県立保健大学健康科学部教授

主要著書
『国政論』（共著、八千代出版、1983年）
『一般法学』（共著、世界書院、1990年（初版）、2011年（第5版））
『確認憲法用語300』（共著、成文堂、2008年）
『ポイント法学』（共著、嵯峨野書院、2008年（初版）、2009年（第2版））

憲法判例評論
2018年4月10日　初版第1刷発行

著　者	大竹昭裕
発行者	谷村勇輔
発行所	ブイツーソリューション 〒466-0848 名古屋市昭和区長戸町4-40 電話 052-799-7391／FAX 052-799-7984
発売元	星雲社 〒112-0005 東京都文京区水道1-3-30 電話 03-3868-3275／FAX 03-3868-6588
印刷所	富士リプロ

万一、落丁乱丁のある場合は送料当社負担でお取替えいたします。
ブイツーソリューション宛にお送りください。
©Akihiro Otake 2018 Printed in Japan ISBN978-4-434-24421-6